Bicicleta de montaña para niños por la Comunidad de MADRID

Carlos Gómez

A Mada y Sergio, por el tiempo que no he estado con vosotros, y a Arancha, que has visto la luz este verano, y en breve nos acompañarás.

C/ Mayor, 80
28013 - Madrid
Teléf.: 91 541 71 70
Fax: 91 548 93 93
E-mail: info@edicioneslalibreria.com

Texto y fotografía: Carlos Gómez
Diseño, cartografía e ilustraciones: Pedro López Carcelén

I.S.B.N.-10: 84-96470-51-2
I.S.B.N.-13: 978-84-96470-51-4
Depósito Legal: M-38057-2006
Impreso en España/*Printed in Spain*

Bicicleta de montaña para niños por la Comunidad de MADRID

Carlos Gómez

EDICIONES LA LIBRERÍA

INDICE

INTRODUCCIÓN

Sergio en Polvoranca. R-13

La idea de este libro surgió de la afición a la montaña en todas sus vertientes, en especial a la bicicleta de montaña y al senderismo.

El principal aliciente fue Sergio, el cual desde los pocos días de nacer siempre nos ha acompañado a la montaña, al principio en carro, y luego en mochila, silla para niños en la bici, etc. Ahora Sergio es quien nos hace ir tras él con su afán de descubrimiento, su entusiasmo al ver un animal o el asombro reflejado en su cara al ver las maravillas naturales que nos rodean.

Puente del antiguo ferrocarril sobre el Jarama. R-20

El amor y respeto a la naturaleza empieza por uno mismo, pero la motivación en los más pequeños depende de padres, madres y educadores/as. En esta edad es donde ellos muestran más interés por aprender y disfrutar del entorno, y es para los mayores un grato momento para recrearnos con ellos y volver a ser niños.

Esta guía no pretende ser la panacea, sólo intenta ayudar en cuanto a las rutas más interesantes y variadas que se pueden realizar en la Comunidad de Madrid.

Algunas rutas ya han sido publicadas por otros autores, lo que teniendo en cuenta la multitud de guías que se han publicado no es de extrañar, (por ejemplo las Vías Verdes). Se han seleccionado estas rutas por su valor medio ambiental, valor patrimonial e histórico, pero sobre todo por poderse hacer por toda la familia.

El respeto por la naturaleza, la educación para defender y proteger nuestro medio ambiente, los valores se aprenden desde pequeños y aquello que nuestros antecesores nos enseñaron a defender y a cuidar es para que nuestra madre naturaleza perdure tal y como a ellos y a nosotros nos gustaría.

Que nuestro legado sea el mejor posible, y que la única huella de nuestra estancia en la tierra, sea la semilla de nuestro escaso conocimiento y que esta simiente vaya incrementando la sabiduría de las generaciones venideras. Para todos aquellos que dejan su pequeño granito de arena en el respeto y el cuidado de nuestro mundo va dedicado este libro.

Casa de Campo. R-7

Medio Físico
Medio Natural
Medio Humano

MEDIO FÍSICO

Siete Picos. R-22

Intentar resumir en apenas unos párrafos los millones de años de historia de nuestro planeta y más concretamente nuestra Comunidad es imposible. Por ello, sólo se dan unos trazos de algunas características a destacar y que influyen en nuestro entorno.

CLIMATOLOGÍA

Tipo mediterráneo continentalizado, caracterizado por periodos estivales secos y con altas temperaturas e inviernos muy fríos.

A mayor altitud menos temperatura y más precipitaciones.

Como resultado del descenso de la presión atmosférica se puede hacer un calculo estimado de un descenso de 0.6 º C cada cien metros de ascenso.

GEOLOGÍA

Rocas de carácter ácido (granitos, gneises, arcosas, materiales detríticos, arcillas pizarras y esquistos.

Rocas básicas (calizas y margas).

Materiales salinos como las evaporitas (yesos y margas verdes) con otros materiales de origen sedimentario).

Sierra de la Cabrera. R-10

UNIDADES DE RELIEVE / ALTITUD DEL TERRENO

SIERRAS: con alineación de Noreste a Suroeste, desde Peña Cebollera hasta las inmediaciones del río Alberche. La cumbre más notoria es Peñalara con sus 2.428 metros, que junto con el ramal de Cuerda Larga forman un valle intramontañoso que es el Valle del Lozoya.

RAMPA DE PIEDEMONTE Y LOS CERROS: son una superficie formada por los mismos materiales que las sierras, pero con menor elevación, y que sirven de transición entre las sierras y los llanos de la cuenca del Tajo.

CAMPIÑA Y PARAMOS: su forma suavemente alomada componen una paisaje cuya altitud va descendiendo de norte a sur. Están situadas en la zona sureste de la Comunidad de Madrid.

VEGAS Y SOTOS: a lo largo de los grandes valles forman los paisajes más bajos y húmedos, como por ejemplo, valle del Tajuña, valle del Jarama o valle del Tajo.

HIDROLOGÍA

La mayoría de los ríos de nuestra comunidad tienen un marcado rumbo suroeste, determinado por la geología, en su búsqueda hacia el río Tajo donde vierten sus aguas.

Laguna de la Recomba. R-13

Nuestras aguas presentan en las partes altas de su transcurrir formas tipo arroyo o torrentes que en su paso al piedemonte relajan su velocidad y aumentan su caudal, donde hay una gran cantidad de embalses, para posteriormente al llegar a la zona de las vegas llevar un ritmo pausado y un caudal más abundante donde surgen lagunas y humedales.

MEDIO NATURAL

Terneros

Las grandes unidades del paisaje vegetal de la Comunidad de Madrid las podríamos resumir en:

ENCINARES: *Quercus Ilex sub. Ballota*, en la zona de la rampa de piedemonte, también asociado al enebro de la miera (*Juniperus oxycedrus*). La encina es el árbol más representativo de la península ibérica y de la Comunidad de Madrid. Aparece en casi todo tipo de suelo, menos en los salinos (yesos) y en los que se encharcan con frecuencia. Es un árbol muy resistente a la sequía, al frío, al calor, incluso a los incendios ya que poseen un importante número de adaptaciones que le permiten sobrevivir en el clima tan extremo de esta región.

Sus frutos, las bellotas, sostienen a importantes comunidades de aves y otros animales.

La tradicional explotación de estos encinares en la obtención de pastos para el ganado, cultivo de cereales, obtención de leña y carbón, la caza de especies silvestres como conejos, ciervos y perdices entre otros... han originado unos bosques conocidos como dehesas.

Existen otros tipos de encinares, como los que se asocian con los Quejigos (*Quercus faginea*) y con las coscojas (*Quercus coccifera*), en las zonas calizas del sureste o con los alcornoques, como los de Torrelaguna, Hoyo de Manzanares, El Pardo y Fresnedillas de la Oliva, representantes de los encinares Luso-extremadurenses que son de carácter más termófilo, más cálidos.

Jara (*Cistus ladanifer*)

En las zonas más alteradas de estos encinares aparecen arbustos como las retamas de bolas (*Retama sphaerocarpa*) o las jaras (*Cistus ladanifer*) y pequeñas plantas perennes como la mejorana, el cantueso o los torviscos entre otros.

MELOJARES: *Quercus Pyrenaica*, y otras frondosas de gran interés botánico como los serbales (*Sorbus aucuparia*), mostajos (*Sorbus aria*), tejos (*Taxus baccata*), abedules (*Betuna pendula*), chopos temblones (*Populus tremula*), saúcos (*Sambrunus nigra*) o acebos (*Iles auilifolium*).

PINARES: Pino piñonero (*Pinus pinea*) y Pinos resineros (*Pinus pinaster*). Ambos en la Comunidad de Madrid se consideran de repoblación y bajo ellos encontraremos el sotobosque perteneciente a los encinares. Destacan los pinares de pino piñonero del suroeste madrileño que sirven de hábitat a interesantes poblaciones de aves.

Pino carrasco (*Pinus halepensis*), las repoblaciones con este pino se dan en menor extensión que los anteriores y se sitúan principalmente en las zonas calizas de los páramos del sureste.

Pino silvestre (*Pinus sylvestris*). En los pinares de sierra, este hermoso pino de corteza asalmonada suele aparecer sobre el piso de los melojares. En algunas zonas suele estar acompañado por piornos y enebros. En las caras norte y zonas más húmedas de la sierra aparecen las especies eurosiberianas citadas en los melojares, como los abedules, chopos temblones, tejos y acebos. Generalmente su distribución ha sido favorecida por el gran interés forestal de esta especie y en la actualidad aparece ocupando los fértiles suelos de los melojares.

OTRAS FORMACIONES ARBUSTIVAS Y PASTIZALES

PIORNALES Y JABINALES DE MONTAÑA (*Cytisus purgans sub balansae*) con enebro rastrero (*Juniperus comunis ssb. Nana*).

CÉSPEDES DE ALTA MONTAÑA como el cervunal, formado por gramíneas como la *Festuca Indigesta* y *Nardos Stricta*.

OTRAS FORMACIONES ARBUSTIVAS como las que generalmente sustituyen a bosques que han sufrido transformaciones debido al ser humano (extracción de madera, creación de pastos para el ganado...). Por extensión destacan los retamares, cantuesares y jarales en los encinares.

COSCOJARES, ATOCHARES O ESPARTALES (*Stipa tenacísima*) junto con otras interesantes comunidades formadas por pequeñas plantas. Estas plantas aparecen el suelos calizos y yesíferos del sur de nuestra Comunidad.

RUPÍCOLAS que encontraremos en zonas de roquedo (La Cabrera, parte alta del Parque Regional de la Cuenca alta del Río Manzanares y ocasionalmente en los berrocales y canchales en la zona de piedemonte). En estas zonas casi sin suelo para desarrollarse las plantas, hallaremos una vegetación muy especializada a la vida sobre las plantas (Rupícolas) destacando los resistentes líquenes o plantas crasas, como los ombligos de Venus, Uñas de gato, o diferentes especies de helechos, incluso gramíneas de diferente tamaño en las zonas más secas.

BOSQUES DE RIBERA: Entorno a los ríos y arroyos aparece una vegetación caducifolia organizada en función a la proximidad del agua. Su composición y complejidad también dependerá del tipo de tramo de río que observemos, es decir, en los tramos altos situados en las montañas con cauces muy encajados sobre suelos pobres (rocosos) encontraremos una estrecha

banda de vegetación caracterizada principalmente por diferentes especies de sauces. Aguas abajo, donde existe un mayor aporte de nutrientes (mayor grado de sedimentación de partículas) por la menor velocidad del agua al desplazarse por terrenos más llanos, encontraremos mayor complejidad en la vegetación.

Los bosquetes de ribera típicos que encontraremos en las rutas descritas en esta guía organizados en función a la proximidad al cauce del agua son:

Saucedas (*Salís sp.*), choperas (*Populus nigra*), fresnedas (*Fraxinus angustifolia*), alamedas (*Populus alba*), olmedas (*Ulmus minor*) y tarayales (*Tamarix gaellica*), siempre acompañados por una vegetación palustre como el carrizo (*Phramanytes australis*), las eneas (*Thypha latifolia*) o los juncos (*Juncos scholoechus*), y en las zonas más degradadas aparecerán las zarzas (*Rubís ulmifolius*).

Algunas formaciones como las fresnedas suelen aparecer sobre suelos húmedos o con frecuentes encharcamientos, donde el nivel freático está cercano a la superficie. Estas formaciones se suelen aclarar para favorecer la formación de pastos, generando las dehesas. Durante los meses de estío se suelen podar las ramas para alimentar al ganado con la hoja y para obtener leña, generando unos árboles con su porte característico de grueso tronco.

MEDIO HUMANO

El mayor exponente de cambio paisajístico y modificador del entorno es sin duda el ser humano que a lo largo del tiempo ha ido adaptando la tierra en función de sus necesidades.

La mayor degradación de nuestro entorno ha sido en los últimos tiempos y quizás por ello, o porque hayamos redescubierto la necesidad de proteger nuestro hábitat, así como la del resto de especies bien animales y vegetales, se está promoviendo la creación del Parque Nacional del Guadarrama (durante la publicación de este libro se encuentra en tramites para su fundación), además de Parques Regionales, Parques Naturales, LICS, ZEPAS...

Como ejemplos podemos indicar que ya desde épocas remotas, aparte de las modificaciones propias de la agricultura, ganadería y aprovechamiento maderero también tenemos intervenciones desde el punto de vista paisajístico como los jardines de Aranjuez, mar de Ontígola, el bosque de la Herrería (El Escorial) o el entorno de las graveras de Arganda, Velilla... en el Parque Regional del Sureste, parques urbanos, etc.

Explicación de las fichas de las rutas

Número y nombre de la ruta

Nos indica su número para una rápida localización en el mapa general y el título de la ruta.

Ruta 8.- EL ESCORIAL HISTÓRICO **R-8**

Plano de situación

Nos hace ver de forma rápida y cómoda la ubicación de la ruta en la Comunidad de Madrid.

Edad recomendada – dificultad

Nivel 1
Fácil

Nivel 2
Medio

Nivel 3
Alto

Se recomienda comenzar haciendo rutas de dificultad inferior a la que creamos es la nuestra. Todas las rutas de nivel 1 pueden hacerlas los de nivel 2 y 3, las de nivel 2 pueden realizarlas los de nivel 3 pero no al revés. Es mejor empezar por nivel 1 antes que por nivel 3 y que nuestra familia no quiera volver a acompañarnos. Posteriormente iremos subiendo el nivel.

No pretendamos realizar rutas de mayor dificultad o longitud que el menor de los miembros del grupo pueda realizar, ya que lo único que conseguiremos es que no vuelva a querer coger la bici ni hacer una ruta con nosotros.

Teniendo en cuenta que el "más débil" es el que marca la pauta del grupo hemos de tener en cuenta:

Si los niños son pequeños la legislación actual permite llevarlos en la silla homologada en nuestra bicicleta siempre y cuando el ciclista sea mayor de edad y el niño sea menor de 7 años.

La capacidad de atención, percepción que se desarrolla con la edad, su visión es inferior al de un adulto. Su rango de visión es de 80º con dos años, para aumentar a 110º con seis años y al llegar a la edad adulta se amplia a 180º de visión.

Los niños de 2-4 años solo recorridos muy cortos hasta 4 Km. y con buen firme, debido a que su habilidad y equilibrio aún no están muy desarrollados.

Los niños de 4-8 ya podemos incitarles a recorridos más largos con buen firme, rutas por parques, vías verdes acondicionadas...

De 8 a 12 años, les encantan las pistas de tierra, caminos, vías verdes sin acondicionar... en fin, rutas en las que desarrollar sus habilidades sobre la bicicleta, aprender a dominarla y fortalecer su preparación física.

Los chicos/as de 12 a 16 años ya pueden atreverse con casi todo, siempre y cuando estén preparados físicamente.

Época recomendada

Es subjetiva ya que podemos realizar las rutas en cualquier época del año. La que se recomienda es por motivos tales como clima, vegetación... siempre hemos de evitar los rigores del invierno y el asfixiante calor del verano.

Primavera **Verano** **Otoño** **Invierno**

Las rutas propuestas han sido diseñadas teniendo en cuenta numerosos factores tales como el medio en el que se desarrollan, valor histórico, valor medioambiental (fauna, vegetación, paisaje), facilidad de realización por parte de todos (aunque haya un par de rutas más selectivas), variedad geográfica, etc...

Ficha de Ruta

Descripción

Se hace una pequeña introducción del paraje que vamos a recorrer, su historia, etc...

Situación

Nos indica el municipio o municipios por los que transitaremos y su ubicación geográfica en la Comunidad de Madrid.

Acceso

Se explica el modo de acceder a la ruta dando en primer lugar el transporte público y posteriormente el privado.

Distancia

Para una mejor descripción de los recorridos y más precisión en los datos se han utilizado en la mayoría de las rutas aparatos GPS, hoy en día muy utilizados por gran parte del público en general gracias a su versatilidad y facilidad de uso, como por ejemplo, senderistas, montañeros, ciclistas de montaña...

La distancia viene determinada por la ruta y las posibilidades del lugar. Si en una ruta no es posible realizar el itinerario circular por falta de alternativas o habiéndolas supusiera un recorrido de excesiva longitud o complejidad, el recorrido se hace de ida y vuelta. En cada punto se indica el P.K. en que nos encontramos y la distancia en metros que nos faltan por recorrer hasta el final de la ruta. Por ejemplo: **0.000 / 13.500**.

Otros usuarios

Este libro no sólo ha de ser usado por ciclistas, sino que también puede ser aprovechado por otros usuarios ya que las rutas que ofrece se pueden realizar por personas con movilidad reducida, patinadores, senderistas...

Desnivel

En la medida de lo posible éste ha de ser de poca consideración, salvo en alguna ruta que no haya más remedio o no se pueda evitar grandes diferencias de nivel.

Tipo de firme

Se han buscado rutas en las cuales el firme sea lo mejor posible ya que están diseñadas para todas las edades y condiciones físicas, no se puede poner un recorrido trialero de gran dificultad si el libro esta diseñado para que vayamos con los niños.

Si no existe un camino bueno y se ha de usar un mal camino, o si hubiera un tramo trialero, siempre será lo más corto posible. Las rutas se han diseñado para que éste no sea más largo que lo estrictamente necesario.

Dificultad

Se ha procurado que ésta sea la menor posible, si acaso hubiera algún paso complicado se indica y siempre seria puntual, no generalizado durante la ruta.

Los recorridos van acompañados de datos prácticos cada pocos metros o kilómetros e indicando en caso de posibles dudas la ruta adecuada. Para ello se acompaña de gráficas de los cruces, pasos peligrosos o puntos peculiares de la ruta.

Cartografía

En este apartado lo más reseñable es la cantidad de mapas que disponemos de nuestra comunidad como los 1:25.000 del C.N.I.G. o S.G.E., 1:50.000 del C.N.I.G., S.G.E. o C.A.M., 1:100.000 del S.G.E. o C.A.M., etc. Esto en cuanto a cartografía oficial, pero también disponemos de excelentes mapas editados por empresas privadas como los 1:50.000 de La Tienda Verde (también hay 1:15.000 de la Pedriza), 1:10.000 de la Casa de Campo o 1:25.000 de Alpina.

En las rutas se indican los más recomendados pero también depende del gusto de cada uno y de la facilidad para interpretar los planos. Siem-pre hemos de tener en cuenta el año de realización debido a los grandes cambios que en infraestructuras la Comunidad de Madrid está experimentando.

Observaciones

Se dan datos de interés no encuadrados dentro de ningún otro apartado.

Medio natural a destacar

Las zonas han sido elegidas por su valor ambiental y variedad del entorno que la Comunidad de Madrid nos ofrece, por ello recorreremos un Parque Nacional (Guadarrama), Parques Naturales (Cuenca Alta del Manzanares, Río Guadarrama, Sureste...), Reservas Naturales (Ontígola), Z.E.P.A. Zona de Especial Protección para las Aves, humedales de alto valor ecológico, parques urbanos (Retiro, Juan Carlos I...) y otros espacios naturales que a pesar de no estar protegidos deberían estarlo.

Patrimonio cultural a destacar

A lo largo de nuestro ciclar pasaremos por zonas ya habitadas en la prehistoria, luego por romanos, árabes, etc... que a lo largo de los siglos han dejado su huella en Madrid, cuyo legado cultural ha sido la raíz de lo que actualmente somos.

Información adicional

Se incluyen teléfonos y datos de interés de los ayuntamientos, centros de educación ambiental, medios de transporte...

Horario

Éste no se indica debido a que hay gran cantidad de puntos a tener en cuenta: la edad de los participantes, la experiencia, el tiempo que dediquemos a disfrutar del entorno, climatología... Cada uno sabe con quién va y cómo le puede responder durante el recorrido.

Material Imprescindible
Consejos

Material Imprescindible

Bicicleta

Sin duda es el material imprescindible para realizar las salidas propuestas, aunque también algunas rutas pueden ser realizadas por otros usuarios como personas con movilidad reducida, senderistas, patinadores...

La bicicleta ha de tener unas características recomendadas y no es necesario tener ni el último modelo ni tampoco la más cara del mercado, simplemente ha de ser robusta, fiable y sobre todo del tamaño adecuado.

A los más pequeños ya de por sí les cuesta hacer ciertos tipos de maniobras, y si encima le añadimos el gran inconveniente de que la bicicleta le quede muy grande y no llegue al suelo, o si por el contrario le queda pequeña, lo cual también es un gran problema ya que puede derivar en problemas de rodillas, espalda, etc.

La talla viene determinada de dos formas:

La bicicleta sin amortiguación debe de medirse con el ciclista de pie con la bicicleta entre sus piernas y deben quedar de 5 a 7 cm. de la entrepierna al cuadro.

La bicicleta con amortiguación depende del modelo y siempre es de talla menor que si no la tuviera.

El segundo ajuste ha de realizarse con el sillín. Lo que se hace para ajustarlo es sentándote en el sillín y con la pierna completamente estirada y el pedal en su posición más baja has de poder poner el talón sobre él. Se recomienda que el sillín esté en paralelo al suelo, para una mejor comodidad.

Resumiendo, el cuadro puede ser de aluminio, acero, titanio, fibra de carbono,... el manillar debe ir ligeramente más bajo que el sillín, las manetas de frenos han de seguir la anatomía del

brazo (no obligando a la mano a posturas incomodas), los cambios han de estar siempre en perfecto estado y bien lubricados (sobre todo explicar bien el funcionamiento a los pequeños ya que corremos el riesgo de sobreesfuerzo, al no llevar bien la relación de cambios), las zapatas de freno en perfecto estado, y, los neumáticos han de tener una presión adecuada según el tipo de firme a recorrer (p.ej. sobre inflar si vamos con silla del niño/a y el firme es bueno, o inflar bajo la presión normal si vamos a circular por pistas con barro para mejorar la adherencia).

Todo esto no vale si no realizamos periódicamente las puestas a punto. No hace falta llevarlas a un taller constantemente, vale con cuidarla, limpiarla y engrasarla.

Casco

La actual Ley de Seguridad Vial obliga a su uso en vías interurbanas. Aunque no existiera esta ley SIEMPRE SE HA DE UTILIZAR EL CASCO, tanto por nuestra seguridad como la de los demás, no vale decir a los pequeños que se lo pongan si los adultos no lo hacen, hay que dar ejemplo.

Hay que prestar atención a la talla, y no escatimar por un modelo mejor. Nuestra cabeza lo agradecerá y no tendremos que lamentarnos después por haber ahorrado unos euros.

El casco ha de estar bien ajustado y no debe bailarnos sobre la cabeza.

Guantes

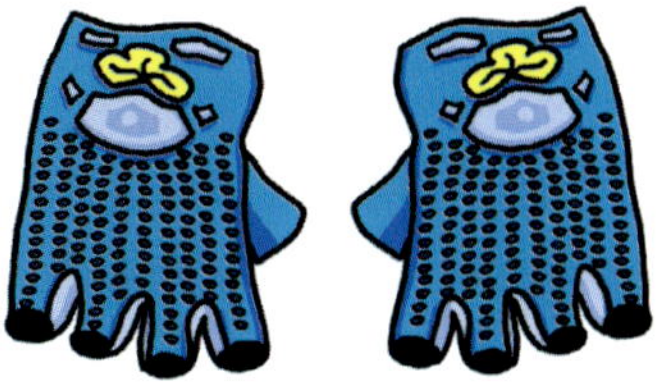

Sin duda nos ayudan a amortiguar parte de los baches, vibraciones y descargar de esos impactos a las muñecas y los brazos. También en caso de caída nos salvarán un poco las manos.

Gafas

Nos evitan los impactos en los ojos de los insectos, barro, piedrecitas, polvo, aire... y nos protegen de la radiación solar. No han de ser de cristal sino de material plástico.

Bebida y comida

Siempre hemos de afrontar las rutas habiendo desayunado bien, no en exceso.

Durante las rutas es muy importante beber agua cada poco rato aunque no tengamos sed, especialmente en verano ya que debido al calor y al sudor perdemos una gran cantidad de sales minerales. Las bebida isotónicas ayudan a recuperarlas. Nunca nos ha de faltar la bebida en nuestras salidas.

La fruta o las barritas energéticas son de asimilación rápida y a los niños les encanta por lo que no nos costara mucho que las ingieran, evitaremos la "pájara" que se produce por la falta de azucares en el organismo.

Mochila, bolsa de manillar, riñonera, alforjas

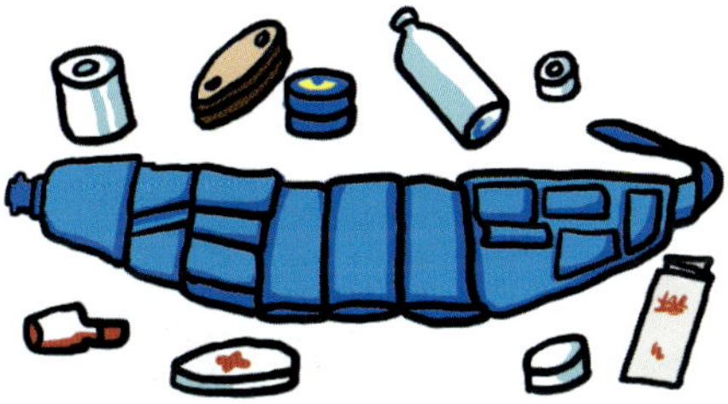

Necesaria para llevar el material, la comida,... las rutas con la familia nos obligan a llevar muchas más cosas de las necesarias sobre todo en caso de llevar bebés en el que todo nos parecerá poco y todo se considerará imprescindible.

Material de mecánica

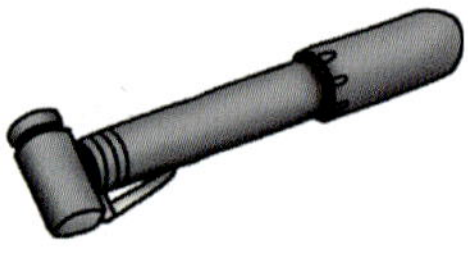

Al menos hemos de llevar una bomba, atentos a los racores de los neumáticos, parches, pegamento y una cámara de repuesto. Prestar atención al tamaño ya que llevaremos probablemente bicicletas con distinto diámetro de rueda.

También son interesantes desmontables, herramientas multiusos (algunas incluyen troncha cadenas para arreglarla en caso de rotura)...

Cuentakilómetros

Imprescindible para saber la distancia recorrida y saber la distancia que nos queda mirando en el rutómetro. La mayoría de ellos llevan reloj, imprescindible para saber cuándo anochecerá o calcular cuánto nos queda.

Atentos con las distancias puesto que dos cuentakilómetros no tienen porque dar la misma distancia (en el caso de distancia total las diferencias son mayores que en distancias parciales), ya que la precisión depende de muchos factores tales como la presión de las ruedas, la forma de tomar las curvas, etc. En parado hay casos especiales como algunos aparatos que si el emisor está alineado con el sensor nos cuenta como si estuviéramos en movimiento, o, incluso algunos modelos inalámbricos si los acercamos a un palet de ladrillos nos indican hasta la velocidad, distancia... (y estamos parados).

Cartografía

A pesar de todo no debemos dejar de llevar un buen mapa, ya que éste nos permite conocer nuestra posición, la ruta que estamos realizando, el desnivel, puntos de interés, ríos, poblaciones, infraestructuras... y nos permite alargar o acortar nuestra ruta con unos mínimos conocimientos de interpretación de los planos.

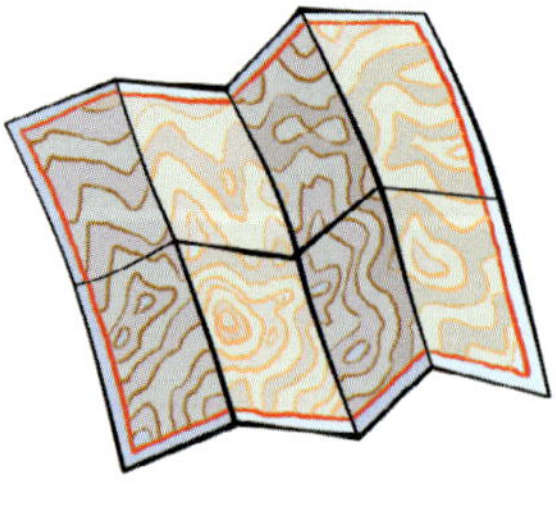

Brújula

De enorme utilidad para orientarnos en caso de que se nos eche la niebla encima o nos perdamos. Imprescindible saber usarla, no intentar aprender cuando nos perdamos y con la familia a nuestro lado.

Identificación

Obligatoria por ley y recomendada sin duda, también hemos de llevar dinero, bien porque nos surja algún imprevisto o por que nos apetezca tomar algo en alguna localidad.

Material Recomendado

Teléfono móvil

Actualmente todo el mundo tiene y todos sabemos lo útiles que son en caso de accidente, si nos retrasamos, si nos perdiéramos...

Recordar siempre el 112, para emergencias graves, válido aunque no haya cobertura.

G.P.S. (Siglas de Sistema de Posicionamiento Global)

Hoy por hoy estas siglas ya no son desconocidas para la gran mayoría, todo el mundo lo ha oído, ha visto o dispone de un aparato que facilita las cosas en nuestras salidas al campo.

El aparato (cualquiera, da igual el precio) nos indica de una forma numérica o visual nuestra posición, de este modo y con un mapa sabremos el punto exacto en el que nos encontramos. En la actualidad estos aparatos dan una precisión estimada de 3 a 15 metros (en condiciones normales), por lo que su exactitud es excelente.

Ejemplo de la precisión de un G.P.S. en un mapa a escala 1:25.000, 1 centímetro igual a 250 metros, implica que si pintamos un punto con un portaminas de 0,5 mm. el diámetro de ese punto es igual a 12.5 metros.

Los errores más típicos en la utilización de estos aparatos es no indicar el datum que tiene la cartografía que usemos (en España salvo indicación en contra es EUROPEAN 1950) o no ajustar el formato de los datos de posición como nosotros seamos capaces de interpretarlos más cómodamente (por ejemplo U.T.M.).

Estos aparatos nos dan: la hora exacta ya que los satélites de los que recibe la señal y calcula nuestra posición llevan un reloj atómico (más preciso que cualquiera que podemos tener), posición, altura, distancia recorrida, distancia entre puntos, velocidades máxima, media, tiempo de marcha, parados, salida y puesta del sol en un punto que deseemos calcular, almacenan el track (huella del recorrido) que luego podemos pasar en casa al ordenador y realizar innumerables cálculos, crear una base con nuestras rutas, perfiles... en fin, un sinfín de datos que harían de este apartado un libro por sí sólo.

El uso de G.P.S. no exime de saber utilizar una brújula y de interpretar los planos.

Botiquín

Nadie esta exento de caídas y todos nos hemos caído de la bicicleta alguna vez, aunque intentemos evitarlo.

Imprescindible saber usar sus elementos. La regla principal: si no sabes no lo hagas.

A llevar: desinfectante, gasas, apósitos, esparadrapo, tijeras, yodo, venda elástica, antiinflamatorio, analgésico, pinzas para sacar elementos intrusos como el aguijón de una avispa.

Crema solar

Al realizar nuestras rutas al aire libre, sobre todo las que realicemos en días de fuerte radiación solar, es muy recomendable ir bien protegidos, especialmente los más pequeños.

Cámara de fotos

La fotografía es el arte de plasmar un momento, una luz, una imagen... pasaremos por lugares increíbles y las situaciones que vivamos serán hechos únicos y la fotografía nos permitirá posteriormente rememorar esos momentos y experiencias.

Consejos

Indumentaria

No es necesario ir disfrazado como en carnaval pero sí se recomienda ir con colores para que nos vean, ya que durante algunas de nuestras rutas usaremos vías con trafico compartido, o sea, con coches y motos. Es muy recomendable el uso de chaleco reflectante cuando circulemos por cascos urbanos o en vías interurbanas.

Es preferible ir como las cebollas, por capas. Mejor 2-3 capas de ropa que sólo una y pasar mucho calor o mucho frío. El sistema de capas permite ponerte o quitarte ropa en función de tus necesidades.

En verano mejor calcetín de algodón, culote de poliéster, camiseta de algodón. Hemos de tener en cuenta que al subir sudaremos y al bajar ese sudor con el aire hará que tengamos frío, tenemos que buscar un material que deseche el sudor y evitar esos problemas.

Actualmente la gran variedad de fibras sintéticas nos hacen dudar sobre los mejores materiales para la práctica de la bicicleta.

En invierno incluiremos culote largo, camiseta manga larga, sudadera, forro polar, guantes completos (no de los que sólo protegen la palma y poco más), chubasquero (si es posible, tipo gore-tex que permite la transpiración)...

Importante, la labor de un culote con badana es evitar las rozaduras, por ello, no hemos de llevar ninguna otra ropa interior bajo la badana.

Conducción

Precaución con el resto de usuarios de los caminos y pistas que usemos, hemos de ser respetuosos con ellos y ellos lo serán con nosotros. Es preferible ir más despacio que atropellar un peatón, nosotros al bajarnos de la bicicleta también lo somos y no nos gustaría que nos atropellaran. La regla de "no hagas lo que no quieres que te hagan" tenla siempre presente.

La mayoría de las pistas tienen buen firme y buena visibilidad lo que hará que podamos ir a una velocidad elevada, pero no nos confiaremos nunca ya que puede que haya un reguero tras una curva, arena, senderistas, ciclistas, ... es mejor ir algo más despacio al llegar a una curva que tener que pegar un frenazo en ella e irnos al suelo.

Si hay zonas trialeras es preferible llevar las ruedas ligeramente por debajo de su presión idónea ya que de esta forma conseguiremos más superficie y mayor contacto con el suelo.

En bajadas con piedras es mejor echar el peso lo más atrás posible para quitar peso a la rueda delantera. No abusar del freno delantero.

No hacer giros bruscos, sobre todo si vamos en grupo y al resto no le da tiempo a evitar el impacto contra nosotros.

Hazte ver siempre, sobre todo de noche o cuando la luminosidad sea escasa.

Cuando circules por la ciudad, hazlo lo más próximo a la acera, y sin zigzagueos.

Cuando circules en carretera, si hay carril especial, utilízalo; si no, utiliza el arcén; y si éste tampoco existiera, utiliza la parte más cercana al borde derecho de la calzada.

Cuando vayas por caminos rurales, no te salgas de ellos. Así evitarás el deterioro del medio ambiente.

El resto de normas de circulación de la nueva ley de circulación se puede mirar en www.dgt.es o descargarse en www.dgt.es/dgt_informa/normativa/FOLLETONORMAS.pdf

Meteorología

Intentar explicar esta ciencia en unos párrafos es imposible, por lo tanto, mejor consultar los partes del tiempo y mirar en www.inm.es.

Es mejor pecar de prudentes que lamentarnos de la tormenta y empaparnos todos.

Otros consejos de interés

Recordar que en un grupo el nivel físico y técnico nunca es el mismo.

La velocidad la marca el más lento, no dejar que el grupo se separe, no es una competición, son rutas para disfrutar de la familia y del entorno.

Es preferible consultar el rutómetro de más que despistarnos y tener que hacer kilómetros en exceso.

Si madrugamos en verano, podremos descansar, disfrutar de la comida en un lugar sombreado y sin prisas evitando las horas de más calor.

Las puertas que encontremos en nuestro camino las hemos de dejar cerradas.

Respetad la naturaleza, es el legado que nuestros hijos/as tendrán y si nuestros pequeños crecen respetando el medio harán que sus hijos lo hagan. Ellos son esponjas que se empapan y aprenden todo aquello que ven.

La basura es un problema grave en esta sociedad. Si tenemos en cuenta que al iniciar la ruta esa comida y bebida, con sus envoltorios pesaba, después de comer y beber pesa menos y si lo hemos subido, lo tenemos que bajar y tirar los desperdicios en los lugares habilitados para ello.

Respetar la naturaleza. No hace falta gritar para oírnos, ni arrancar una flor para apreciar su belleza... hemos de dejar todo como está o si es posible mejorarlo, por ejemplo recogiendo ese papel que está en medio del camino (no nos pesará), bajando esa lata que algún desaprensivo dejó tras disfrutar de su contenido...

Direcciones de interés

Actualmente Internet es el manantial de los datos de los que nos surtimos, nos facilita la planificación de rutas, el tiempo...

Sólo se nombran algunas de las más interesantes. En las rutas se nombran algunas otras de interés.

REAL FEDERACIÓN ESPAÑOLA DE CICLISMO
C/ Ferraz, 16, 5º
28008 Madrid
Tel.: 915 400 841
Fax: 915 420 341
www.rfec.com
info@rfec.com

FEDERACIÓN MADRILEÑA DE CICLISMO
Estadio de la Comunidad
Avda. de Arcentales, s/n
28022 Madrid
Tel.: 913 204 171 / 495
Fax: 917 415 703
www.fmciclismo.com
fmciclismo@telefonica.net

PEDALIBRE
C/ Campomanes, 13, 2º izda.
28013 Madrid
Tel.: 617 523 271
www.pedalibre.org
info@pedalibre.org

ESCUELA ESPAÑOLA DE MOUNTAIN BIKE (EEMYB)
C/ San Roque, 9
28440 Madrid
Tel.: 918 542 924 y 627 559 920
www.estoesmadrid.net
eemtb@arrakis.es

Clubes de ciclismo:

REAL VELO CLUB PORTILLO
C/ Alonso del Barco, 3
28012 Madrid
Tel.: 915 274 838
www.geocities.com/realveloclubportillo/
realveloclubportillo@telefonica.net

CLUB CICLISTA DAGANZO "PEÑA MARIANO RUIZ"
C/ La Cocinilla, s/n
28814 Daganzo de Arriba
www.amigosdelciclismo.com/daganzo
cddaganzo@telefonica.net

CLUB CICLISTA VICÁLVARO
Centro 3ª Edad "Cardenal Tarancón"
C/ Lago Iseo, s/n
28032 Madrid
www.terra.es/personal8/ccvicalvaro
ccvicalvaro@terra.es

CLUB CICLISTA PUEBLO NUEVO
C/ Sambara, 137
28027 Madrid
www.gdpueblonuevo.org
info@gdpueblonuevo.org

CLUB CICLISTA HORTALEZA
C/ Repelón, 2
28033 Madrid
www.terra.es/personal2/tjdruiz/
cchortaleza@yahoo.es

CLUB MOUNTAINBIKE JARAMA
C/ Uruguay, s/n
28820 Coslada
www.clubjarama.tk
jaramacmb@lycos.es

CÍCLOPE, BICICLETAS PARA EL DESARROLLO
C/ Clara Janes,10
28919 Leganés
Tel.: 625 236 983
asociacionciclope@yahoo.es

CLUB CICLISTA EDUARDO CHOZAS
Tel.: 917 157 587
www.echozas.com
echozas@echozas.com

BICIMANÍA
C/ Palencia, 20
28020 Madrid
Tel.: 915 331 189
Fax: 915 343 870
www.bicimania.com
club@bicimania.com

CLUB CICLISTA CHAMARTÍN
Plaza de la Remonta, portal 2 A (Local)
28029 Madrid
Tel.: 915 720 707
www.clubciclistachamartin.com
info@clubciclistachamartin.com

CLUB CICLISTA MAJADAHONDA
Pista de Atletismo Municipal
Avda. de Guadarrama, 21
28220 Majadahonda
www.ciclista-majadahonda.com

CLUB CICLISTA PICO ALMANZOR
C/ Travesía de Castro, 4
28903 Getafe
Tel.: 916 831 482
www.ciclistas.org/ccpalman
rascon@redestb.es

CLUB KARACOL MTB
C/ Tortosa, 8
28045 Madrid
Tel.: 915 399 633
Fax: 915 279 676
http://commerce.sage.com/karacol/

CLUB MAMMOTH
C/ Fuente del Berro, 9
28009 Madrid
Tel.: 913 093 259
Fax: 914 015 916
www.mammoth-mtb.com
mammoth@mammoth-mtb.com

Empresas del ámbito cicloturista

AVENTURAS ITINERANTES
Ctra. M 634, km 9
28739 Pinilla de Buitrago
Tel.: 918 695 391 y 630 039 838
www.aventurasitinerantes.com
correo@aventurasitinerantes.com

BICIMANÍA
C/ Palencia, 20
28020 Madrid
Tel.: 915 331 189
Fax: 915 343 870
www.bicimania.com
club@bicimania.com

BRAVO BIKE
C/ Montera, 25-27
28013 Madrid
Tel.: 915 595 523
Móvil 607 448 440
www.bravobike.com
info@bravobike.com

DEPORTES OCHANDO
C/ Carlos Ruiz, 3
28751 La Cabrera
Tel.: 918 688 133 y 609 046 699

CLUB MAMMOTH
C/ Fuente del Berro, 9
28009 Madrid
Tel.: 913 093 259
Fax: 914 015 916
www.mammoth-mtb.com
mammoth@mammoth-mtb.com

ESTO ES MADRID
C/ Torpedero Tucumán, 18, bajo
28016 Madrid
Tel.: 913 501 160 y 609 679 147
www.perso.wanadoo.es/estoesmadrid/pagina_marco2.htm
estoesmadrid@estoesmadrid.net

KARACOL SPORT
C/ Tortosa, 8
28045 Madrid
Tel.: 915 399 633
Fax: 915 279 676
http://commerce.sage.com/karacol/

PANGEA
C/ Melilla, 10
28005 Madrid
Tel. y fax: 915 172 839
www.rutaspangea.com
pangea@rutaspangea.com

Alquiler de bicicletas

Muy útil cuando viene familia de fuera, queremos probar modelos nuevos, con suspensión o comprobar las tallas antes de comprarlas:

CLUB MAMMOTH
C/ Fuente del Berro, 9
28009 Madrid
Tel.: 913 093 259
Fax: 914 015 916
www.mammoth-mtb.com
mammoth@mammoth-mtb.com

OTERO CICLOS
C/ Segovia, 18 – 20
28005 Madrid
Tel.: 915 473 225
Fax: 915 415 715
www.oterociclos.es
otero@oterociclos.es

BY BIKE
Avda. de Menéndez Pelayo, 35
Tel.: 902 876 483

BICIMANÍA
C/ Palencia, 20
28020 Madrid
Tel.: 915 331 189
Fax: 915 343 870
www.bicimania.com
club@bcimania.com

DEPORTES OCHANDO
C/ Carlos Ruiz, 3
28751 La Cabrera
Tel.: 918 688 133 y 609 046 699

Rutas

Rutas propuestas

4 Buitrago del Lozoya
5 Canal del Villar
10 La Cabrera
30 Vuelta a Cabeza Arcón
Madrid
16
1
7
14
3
15
2
17
Parque Regional del Sureste
20
Vía Verde del Tajuña III
28
arque de olvoranca
Vía Verde del Tajuña I
26
27
Vía Verde del Tajuña II
29
Vía Verde del Tren de los 40 días
11
Laguna de San Juan
Jardines Aranjuez
9
21
Reserva Natural El Regajal Mar de Ontígola

Rutas propuestas

Parque de
las Naciones
Metro
Parque Juan Carlos I
16
Las Musas
Metro
Estadio
Olímpico
1
Anillo Verde I
Príncipe
de Vergara
Metro
Atocha
Metro
14
arque del Retiro
Pavones
Metro
Delicias
Méndez Álvaro
Metro
Parque de
Tierno Galván
15
Miguel Hernández
Metro
ce de
ubre
17
El Pozo
1
2
2
Anillo Verde II
casitas
o Verde III
Villaverde
Bajo
Parque lineal
del Manzanares
17

Símbolos de los mapas

Símbolo	Significado
	Itinerario
	Dirección del itinerario
	Vía de ferrocarril
	Inicio de itinerario
	Estación de ferrocarril
	Estación de Metro
P	Aparcamiento
A-2	Autovía
M-127	Carretera
A.D. 15.70	Área de Descanso
PK. 14	Punto Kilométrico
VÍA VERDE	Otras Rutas
0.000	Inicio de Ruta
6.230	Metros recorridos desde el inicio

Símbolo	Significado
	Camping
	Fuente
	Mirador
	Puente
	Ruinas
	Túnel
	Viaducto
	Ermita
	Albergue
	Barrera
	Cancela
	Paso canadiense
	Paso inferior
	Área náutica

Símbolos de los textos

1.250 / 9.960

1.250 / Metros recorridos desde el inicio de la ruta

/ 9.960 Metros pendientes para acabar la ruta

R-1

1.- ANILLO VERDE I
La Peineta - El Pozo

La primera parte de esta ruta, conocida como la M-40 de los ciclistas, nos unirá al segundo tramo en El Pozo y continuara con el tercer tramo hasta Casa de Campo. Se prevé concluida en el 2007, dará la vuelta completa a la capital y junto a los otros carriles bici, existentes o en ejecución demostraran que la bicicleta es un medio muy válido, limpio, ecológico,... de transporte por nuestras ciudades.

Las posibilidades de ampliación o reducción de la ruta, hacen que sea una ruta puente o de transición entre puntos de la ciudad, ya que una vez concluido el anillo, podríamos continuar hacía el norte y el oeste y allí ampliar con, por ejemplo, el carril bici que se dirige a Tres Cantos, Colmenar Viejo y Soto del Real.

En el momento de realización de esta guía se encontraba en obras y cerrado el puente que une el punto 0 de nuestra ruta con la Peineta, por lo que aquellos que empiecen en la Peineta deberán sumar esto a la ruta.

Ficha de Ruta

Situación: En el término municipal de Madrid. En la zona este de la capital.

Acceso: En metro L-7 hasta la estación de las Musas para el inicio propuesto. En tren hasta la estación de El Pozo en las líneas C-1, C-2 y C-7. Fin del itinerario.

Longitud: 9.960 metros la ruta completa. Puede ser ampliada.

Otros usuarios: Senderistas, personas con movilidad reducida, patinadores.

Desnivel: 100 metros, la mayoría de la ruta es de bajada.

Tipo de firme: Asfalto con el consabido color rojo.

Dificultad: Ruta corta y teniendo en cuenta el tipo de firme hacen que sea una ruta apta para todos, también destacar que se realiza prácticamente en descenso.

Cartografía: Mapa del consorcio de transportes 3 / 559 C.N.I.G. o C.G.E.

Observaciones: Actualmente en construcción parte del anillo verde concretamente en su parte norte. También en construcción el carril bici que desde el punto 4.055 aproximadamente, nos llevaría hasta La Elipa y al Parque del Buen Retiro para realizar la ruta 14 descrita en este libro.

Medio natural a destacar: Parques urbanos, no olvidar la Casa de campo.

Patrimonio cultural a destacar: Madrid tiene tantos puntos a destacar que es imposible materializarlo en un sólo libro, aunque se pretenda siempre quedaría algo en el tintero de una ciudad habitada, desde la prehistoria y con un recorrido histórico impresionante.

Información adicional:

Ayuntamiento de Madrid	010	www.munimadrid.es
SEO - Birdlife	914 340 910	www.seo.org
Consorcio Regional de Transportes	915 804 260	www.ctm-madrid.es
RENFE	902 240 202	

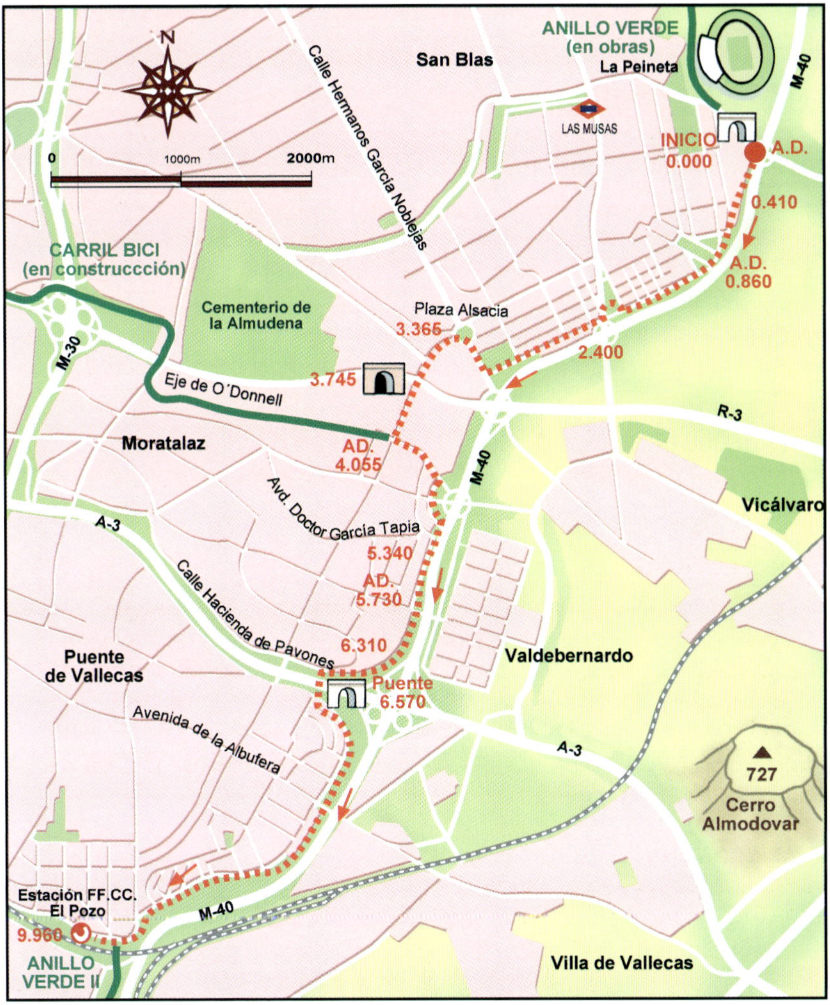

0.000 / 9.960

Puente sobre la Avda. de Arcentales, tomamos este punto como referencia debido a las obras que se están realizando en el Estadio de La Peineta. El puente por la parte de La Peineta no es accesible hasta la conclusión de las obras.

En el área de descanso marcado como punto kilómetro 11.45, pondremos los cuentas a 0. Desde el puente apenas hay 80-90 metros.

0.410 / 9.550
Punto kilométrico del que será el anillo verde marcado como P.K. 12. Únicamente se indica como referencia ya que nuestra ruta y nuestra distancia no coincide con esta indicación al arrancar de un punto distinto.

Prácticamente durante toda nuestra ruta circularemos paralelos a la M-40, aunque en algunos momentos podamos llegar a olvidarnos de ella.

0.860 / 9.100
Área de descanso marcado como P.K. 12.43.

1.420 / 8.540
Indicativo del P.K. 13.

1.810 / 8.150

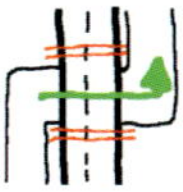

Cruce con la Calle Sofía.

1.915 / 8.045

Cruce con la Avenida de Ajalvir a Vicálvaro.

2.045 / 7.915

Cruce con la calle Versalles.

2.060 / 7.900

Poste indicativo del P.K. 13.66.

2.400 / 7.560

Señalizador del P.K. 14.

3.020 / 6.940

Cruce con la calle Hermanos García Noblejas. A los pocos metros tenemos el indicador del P.K. 14.67.

3.340 / 6.620

Cruce con la calle de Malmoe y la plaza de Alsacia. Desde este punto prácticamente toda la ruta es en descenso, este es el punto más alto de la ruta con 710 m.

3.365 / 6.595

Indicador del P.K. 15. Ahora circularemos paralelos a la calle de la Fuente Carrantona.

3.745 / 6.215

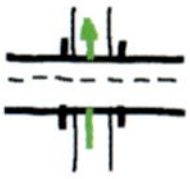

Paso bajo la M-100 más conocido por todos como eje de O´Donell, también indicativo del P.K. 15.38, al acabar el puente vemos otro señalizador indicándonos el P.K. 15.49.

4.055 / 5.905

Área de descanso, junto a otro poste que nos indica el P.K. 15.70. Desde este punto partirá el futuro Carril Bici hasta el Parque de La Elipa. Desde aquí hasta el Parque de El Retiro el carril ya se puede disfrutar.

4.355 / 5.605

P.K. 16. Ahora estamos circulando junto a la calle de la Ciudad Encantada.

4.855 / 5.105

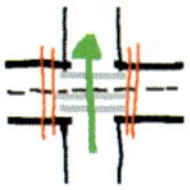

Cruce con la Avda. del Doctor García Tapia. Continuamos de frente. Si giráramos a la izquierda y pasáramos sobre la M-40 cogeríamos el Camino Viejo de Vicálvaro y llegaríamos a su casco urbano.

5.340 / 4.620.

P.K. 17. Estamos transitando junto a la calle de Brujas.

5.600 / 4.360
A nuestra derecha veremos el Centro de Educación Vial.

5.730 / 4.230
Nuevo área de descanso, junto a el tenemos el P.K. 17.40.

5.750 / 4.210
Cruce con la calle de la Hacienda de Pavones.
A partir de ahora y hasta el siguiente punto tendremos a nuestra derecha el polideportivo de Moratalaz.

6.310 / 3.650
P.K. 18.

6.570 / 3.400

Puente sobre la carretera de Valencia A-3 o también llamada Avenida del Mediterráneo. Esta es sin lugar a dudas la infraestructura de mayores dimensiones creadas para disfrute de peatones y ciclistas. Está señalizado en esta parte del puente como P.K. 18.31.

6.720 / 3.240
Fin del puente, hemos dejado atrás Moratalaz para adentrarnos en Vallecas. Poste marcado como P.K. 18.46.

6.900 / 3.060
Curva fuerte a izquierda donde se encuentra un cartel señalizador del Anillo Verde Ciclista Fase II. P.K. 18.74.
Ahora circularemos por el parque lineal de Palomeras, el anillo verde aprovecha el carril bici que había en este parque. Junto a nosotros tenemos la avenida de Miguel Hernández.

7.890 / 2.070
Paso inferior bajo la avenida de la Albufera. Si antes del paso inferior giráramos hacia la derecha llegaríamos al metro de Miguel Hernández en unos 300 metros.

9.820 / 0.140

A nuestra izquierda vemos un paso inferior bajo las vías férreas de las líneas que unen Madrid con Alcalá de Henares, Guadalajara... continuamos hacia la derecha siguiendo la vía del tren, ya estamos viendo la estación.

El anillo verde continúa bajo ese paso inferior y se describe en la ruta 2: Anillo Verde II. El Pozo – Orcasitas.

9.960 / 0.000

Estación de tren de El Pozo. Para aquellos que deseen continuar pueden hacerlo con la ruta descrita como 2: Anillo Verde II o incluso 3: Anillo Verde III. También se puede enlazar con cualquiera de los ramales que surgen de este anillo para adentrarse o alejarse de la ciudad tales como el ramal que de este punto (pero al

otro lado de la estación) se dirige a la estación de Entrevías – Asamblea de Madrid en paralelo a la avenida de Entrevías. También desde la segunda parte es posible conectar con el ramal que surge a la derecha para enlazar pasando por Vía Lusitana y junto al Parque Emperatriz María de Austria con la plaza de Fernández Ladreda o plaza Elíptica.

R-2

2.- ANILLO VERDE II
El Pozo - Orcasitas

La ruta que se describe a continuación no es exacta ya que mientras esta guía esta en su última fase de edición, el tramo del anillo verde que une El Pozo con Orcasitas aún no se encuentra (en algunos tramos) ni comenzado.

La fecha prevista de culminación de las obras del carril bici está prevista para el 2007, aunque la mayoría ya se puede realizar con pequeñas adaptaciones, en esta descripción se expone el trazado que ya esta acabado y el previsto.

Este tramo es en el que más variantes disfrutaremos ya que podemos enlazar con la ruta 1: Anillo Verde I, ruta 3: Anillo Verde III (y continuar con ruta 6: Casa de Campo I y 7: Casa de Campo II), ruta 15: Parque Enrique Tierno Galván o ruta 17: Parque Lineal del Manzanares.

Ficha de Ruta

Situación: En el término municipal de Madrid en la zona sur de la capital.

Acceso: En tren usando cualquiera de las líneas (C-1, C-2 o C-7) que pasan por la estación de cercanías de El Pozo. Línea C-5 y bajarnos en Doce de Octubre u Orcasitas.

Longitud: 7.695 metros la ruta completa estimada. No admite atajos.

Otros usuarios: Senderistas, personas con movilidad reducida o patinadores.

Desnivel: Apenas apreciable, puesto que son escasos metros.

Tipo de firme: Pista asfaltada (cuando culminen las obras) y caminos de tierra.

Dificultad: Ruta que transcurre por zonas urbanas. El mayor peligro reside en los cruces con carreteras o calles que jalonan este tramo del anillo verde.

Cartografía: 559 C.N.I.G. / 559 C.G.E.

Observaciones: Las distancias parciales son más fiables que las totales debido a que falta el tramo del parque forestal de Entrevías y la unión con el carril bici de la calle Embajadores. El resto de mediciones son totalmente fiables.

Medio natural a destacar: Parque forestal de Entrevías y el entorno del parque lineal del Manzanares, con su pequeño reducto de fauna y vegetación de ribera.

En la proximidad del río Manzanares y la depuradora de la China podremos observar grandes bandadas de gaviotas reidoras volando en una curiosa forma de V. También podremos observar cormoranes.

Patrimonio cultural a destacar:
El tramo que vamos a recorrer transcurre por una zona de relativa reciente construcción.

Información adicional:

Ayuntamiento de Madrid	010	www.munimadrid.es
SEO - Birdlife	914 340 910	www.seo.org
Consorcio Regional de Transportes	915 804 260	www.ctm-madrid.es
RENFE	902 240 202	

0.000 / 7.695
Salimos de la estación y nos dirigimos hacia la derecha siguiendo el ferrocarril que se dirige hacia Alcalá de Henares y Guadalajara.

0.150 / 7.545
Paso inferior bajo la vía férrea, a nuestra derecha, que usaremos para comenzar esta ruta.

0.300 / 7.395
Cruzamos el primero de los dos pasos de la avenida Padre Llanos.

0.390 / 7.305
Área de descanso (en construcción). Ahora dejaremos a nuestra derecha el polideportivo.

0.940 / 6.755
En agosto de 2005 este era el punto final de este tramo. El resto de la descripción hasta llegar al Parque Lineal del Manzanares es estimado ya que en noviembre de 2.005 aún no está acabado (ni siquiera marcado sobre el terreno) el trazado que va a tener el anillo en esta segunda parte. Ahora tras rodear por la izquierda otra nueva instalación deportiva, el ani-

llo gira a la derecha para adentrarse en el parque forestal de Entrevías. A mano derecha tenemos el barrio del Pozo del Tío Raimundo.

2.740 /4.955
Llegamos al cruce con la calle Embajadores. Junto a ella hay un carril bici que hemos de coger.

2.870 / 4.825
Pasamos bajo la vía férrea. A nuestro lado se encuentra la estación de Santa Catalina. Los trenes que continúan por esta vía férrea (a la derecha) se dirigen hasta la estación de contenedores también conocida como el puerto seco.
Posteriormente pasaremos bajo la carretera que une la M-30 con la M-40 y la A-4.

3.565 / 4.130
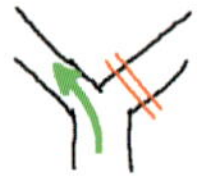
Tenemos a la derecha una rotonda que bajo la carretera antes mencionada, siguiendo el carril bici nos llevaría por la calle Embajadores y pasando junto a unos antiguos viveros hasta el puente que sobrepasa la M-30 y desemboca en las inmediaciones de la parte sur del parque Enrique Tierno Galván.
Desde los viveros (punto final del carril bici) no existe un paso adecuado para bicicletas ni para peatones, esperemos que algún día lo hagan y de este modo poder entrar en el anillo interior de la M-30 en bicicleta, y enlazar con la ruta 15: Parque Enrique Tierno Galván.
Viramos a la izquierda y entramos en el parque lineal del Manzanares para llegar junto a los campos de fútbol y situándonos en su entrada con-

tinuar la ruta que también se describe en la ruta 17: Parque Lineal del Manzanares pero en sentido contrario.

3.765 / 3.930
Campos de fútbol, los dejamos a la izquierda y proseguimos nuestro pedalear hacia el norte.

4.155 / 3.540
A nuestra izquierda y sobre un cerro artificial tenemos una de las imágenes más llamativas del parque. A la derecha nos acompaña el siempre molesto ruido de los coches y su velocidad inversamente proporcional a la nuestra y al "ruido" producido por nuestro vehículo.

4.625 / 3.070

Puente sobre el río Manzanares, lo cruzamos y seguimos sin desviarnos por este tramo que circunvala el perímetro del parque por el interior de la valla.

5.135 / 2.560
Puerta de acceso al parque. A nuestra izquierda tenemos la pérgola en cuyo interior se encuentran unos bellos ejemplares de palmeras.
Hemos de salir y tras cruzar

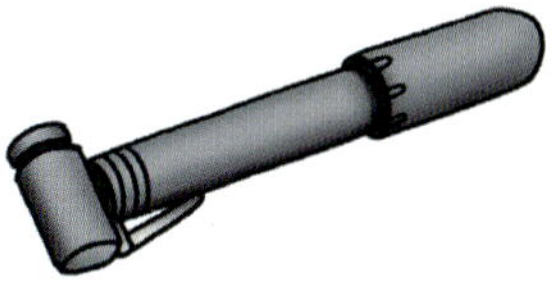

la calle Camino de Perales proseguir por un tramo de reciente construcción del anillo.

5.355 / 2.340
Pasamos cerca de una pequeña ermita.

5.505 / 2.910
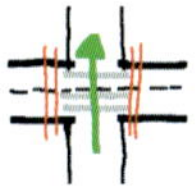
Cruce con la calle Estafeta. En este punto el carril esta cortado ya que hasta que culminen las obras del anillo no estará derribada la nave abandonada que tenemos delante y construyan el paso hasta la Glorieta de Málaga que esta justo enfrente nuestro tras este edificio.
La solución de momento es rodear bien por la derecha o bien por la izquierda para llegar a la citada glorieta.
Se describe la distancia rodeando por la derecha, cruzando por el paso de cebra existente en la actualidad y usando parte del parque que está junto a las instalaciones deportivas de detrás.

5.815 /1.880

Glorieta de Málaga, tras ella el hospital Doce de Octubre, cruzamos y giramos a la izquierda, para continuar junto a la avenida de Andalucía por la avenida de Eduardo Barreiros.

6.090 / 1.605

Abandonamos la avenida de Eduardo Barreiros para adentrarnos por una calle en construcción que desemboca en el parque de Pradolongo. A nuestra derecha tenemos el hospital, para aquellos que deseen abandonar, al otro lado del mismo está la entrada a la estación de Doce de Octubre de la C-5 de cercanías.

6.670 / 1.025
Cruce con la calle del Doctor Tolosa Latour, hemos girar a la izquierda y continuar hacia el sur 85 metros para cruzar y poder adentrarnos en el parque de Pradolongo.

6.700 / 0.995
Parque de Pradolongo, reanudamos por nuestro carril con su característico color rojo, hemos de proseguir hasta llegar al cruce con la avenida de los Poblados.

7.040 / 0.655
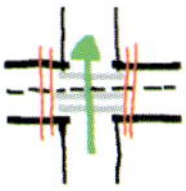
Tenemos que cruzar la avenida de los Poblados. En este punto tenemos dos opciones: la primera

es girar a la derecha y continuar con la ruta 3: Anillo Verde III que nos lleva hasta la Casa de Campo; la segunda opción consiste en girar a la izquierda para continuar por la avenida de los Poblados (con mucha precaución ya que no hay carril ni zona habilitada para bicicletas) y tras la glorieta coger la calle Campotejar que nos lleva hasta la estación de cercanías de Orcasitas.

7.695 / 0.000
Estación de Orcasitas de la C-5, punto final de nuestra ruta.

3.- ANILLO VERDE III
Orcasitas - Casa de Campo

La tercera parte de esta ruta conocida como la M-40 de los ciclistas nos unirá el segundo tramo con la Casa de Campo lo que nos permitirá continuar circunvalando la capital y ampliar la ruta anterior para los más mayores. También podremos continuar con las rutas 6 y 7 de este libro que transcurren por la casa de campo.

El hecho de circular por una ruta urbana con múltiples cruces, pasos de cebras, semáforos y el uso también por parte de los peatones, hacen que debamos tener suma precaución para evitar problemas.

En la fecha de publicación de este libro falta una parte que comunica el segundo tramo y éste que vamos a realizar, se prevé que termine de acondicionarse a finales de 2006 o principios de 2007.

Esperemos que la gente que disfruta de este anillo así como los eventuales respeten su trazado, su señalización y su mobiliario para el disfrute de los demás. Lamentablemente los actos vandálicos están a la orden del día y en este tramo lo comprobaremos al haber hecho acto de presencia estos grupos y destrozar parte del mobiliario urbano.

En la primavera del 2006 se ha iniciado la construcción de un carril bici a través de la Cuña Verde que unirá el Anillo Verde con la zona interior de la M-30.

Parque de las Cruces

Ficha de Ruta

Situación: En el término municipal de Madrid.

Acceso: En tren hasta la estación de Orcasitas en la línea C-5 o estación de metro de Casa de Campo L-5 y L-10.

Longitud: 9.310 metros la ruta completa. Puede ser ampliada.

Otros usuarios: Senderistas, personas con movilidad reducida, patinadores.

Desnivel: 75 metros.

Tipo de firme: Asfalto con el consabido color rojo.

Dificultad: Ruta corta y teniendo en cuenta el buen estado del firme hacen que sea una ruta apta para todos.

Cartografía: Mapa del Consorcio de Transportes 3. 559 C.N.I.G. o C.G.E.

Observaciones: En construcción parte del anillo verde entre el parque de Pradolongo en Orcasitas y Entrevías. Este último tramo nos permitiría enlazar con la ruta 17 de este libro. Próxima apertura del Carril Bici de la Cuña Verde, con dos ramales, que nos permitirán adentrarnos en la parte interior de la M-30.
Se puede realizar en cualquier época del año evitando los lógicos días que es mejor quedarse en casa o irse a la sierra (como los días del excesivo calor que soporta Madrid).

Medio natural a destacar: Casa de Campo.

Información adicional:

Ayuntamiento de Madrid	010	www.munimadrid.es
SEO - Birdlife	914 340 910	www.seo.org
Consorcio Regional de Transportes	915 804 260	www.ctm-madrid.es
RENFE	902 240 202	

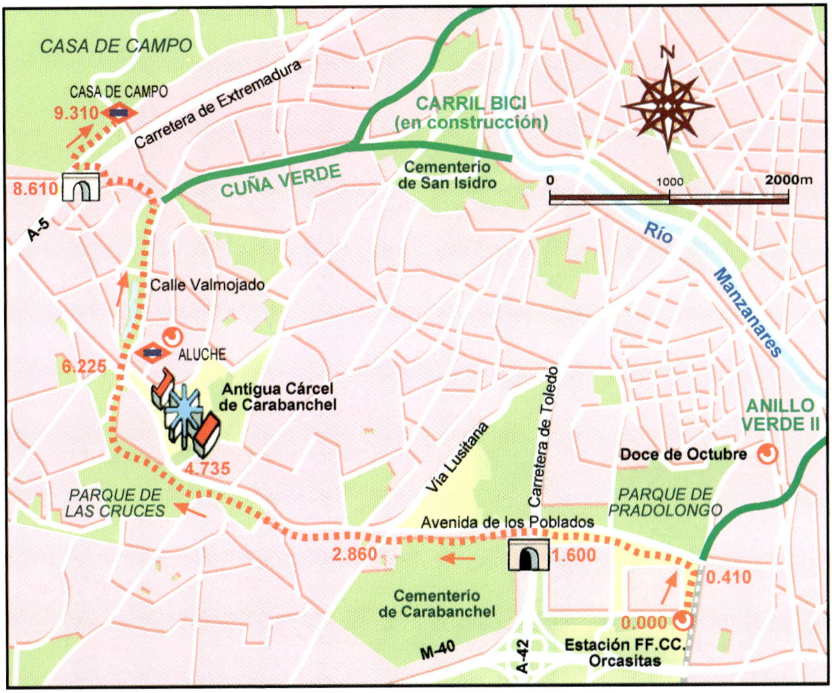

0.000 / 9.310

Estación de Orcasitas. Salida calle Campotejar. Aparcamiento.

Situados en la puerta de acceso a la estación y junto al kiosco de la ONCE pondremos el cuentakilómetros a 0 y giraremos a la izquierda continuando el trazado de la línea férrea que se interna en el subsuelo de Madrid en dirección a Atocha.

0.265 / 9.045

Cruce con la incorporación de la calle Campotejar hacia la Gran Avenida.

0.310 / 9.000

Cruce de la Gran Avenida con la calle Campotejar. Continuamos con este rumbo hasta llegar a la glorieta.

0.410 / 8.900
Glorieta de la Avda. de los Poblados, de frente tenemos la calle del Doctor Tolosa Latour que rodeando la ciudad sanitaria del Doce de Octubre nos llevaría a la estación de Cercanías de Doce de Octubre. Rodeándola por la izquierda por los pasos de cebra llegaremos hasta el inicio del anillo ciclista. Hasta este punto el tramo que une con Entrevias aún esta en construcción.

0.510 / 8.800
Cruce del acceso de la glorieta de la Avda. de los Poblados con la calle Expropiación.

0.930 / 8.380
Cruce con la calle del Camino Viejo de Villaverde.

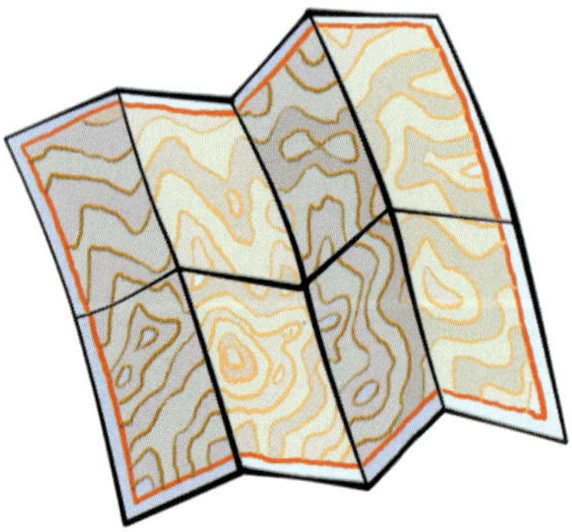

1.070 / 8.240
Cruce con la glorieta de la Avda. de los poblados con la Avda. de Rafaela Ybarra. Prácticamente todo el anillo ciclista desde este punto hasta la estación de Aluche va paralelo a esta avenida de los Poblados.

1.145 / 8.165
Poste señalizador del anillo ciclista. Las distancias y el punto kilométrico que indica es teniendo en cuenta si estuviera acabado el anillo completo cuya distancia total seria de unos 60 kilómetros y por ello no coincide con nuestro kilometraje.

1.390 / 7.920
Cruce con la calle de Guetaria.

1.500 / 7.810
Área de descanso del anillo ciclista.

1.560 / 7.750
Cruce con el acceso a la calle Tolosa

1.600 / 7.710
Paso bajo la avenida Princesa Juana de Austria más conocida como la A-42 Autovía de Toledo.

1.800 / 7.510
Cruce con el acceso al tanatorio sur de Madrid. Durante este tramo desde la Autovía de Toledo hasta el siguiente punto señalado el carril bici no existe por un problema burocrático, hemos de circular por la acera con precaución.

1.885 / 7.425
Cruce y retomamos el carril bici.

2.090 / 7.220
Gasolinera, precaución, ya que hemos de atravesarla.

2.180 / 7.130
Cruce con la calle Ventura Díaz Bernardo.

Entrando al Parque de las Cruces

2.305 / 7.005
Cruce con la calle de Cerilleras.

2.505 / 6.805
Cruce con la calle Juan Ron.

2.610 / 6.700
Cruce con la calle Salvador Vicente Martín.

2.860 / 6.450
Llegamos a la glorieta de la avenida de los Poblados con Vía Lusitana, rodeándola por la izquierda.

3.190 / 6.120
Nueva área de descanso.

3.260 / 6.050
Cruce con la avenida del Euro.

3.425 / 5.885
Cruce con la calle Dobla.

3.615 / 5695
Cruce con la calle Secuoya.

3.690 / 5.620
Cruce con la calle Antonia Rodríguez Sacristán.

3.735 / 5.575
A nuestro lado tenemos un parque infantil para deleite de los más pequeños.
Nuestro rodar ahora será más fresco al contar con sombras gracias a la vegetación que nos acompañará hasta el siguiente cruce.

4.060 / 5.250
Cruce con la calle de Carabanchel Bajo.

4.430 / 4.880
Cruce con la calle Eugenia de Montijo.

4.660 / 4.650
Cruce con Avda. de los Poblados (vía paralela con el mismo nombre).

4.735 / 4.575
Cruce con la calle Consuelo Guzmán.
De ahora en adelante circularemos por el Parque de Las Cruces, pasaremos cerca de la que fue cárcel de Caraban-

Poste señalizador del Anillo Verde

chel creada por el General Francisco Franco para en un principio acoger a presos políticos y posteriormente al resto de presos. Desde hace unos años ha sido cerrada y parte de sus dependencias se han remodelado para usos como comisaría y centro de acogida de inmigrantes.

Posteriormente rodearemos el Instituto Psiquiátrico San José. Como rareza ornitológica en esta zona cabe destacar un grupo numeroso de cotorras que se han habituado a este hábitat tras haber sido liberadas (o escapado) de sus propietarios.

6.020 / 3.290
Descansadero para los usuarios del anillo verde, en muy mal estado.

6.090 / 3.220

Cruce con la avenida de los Poblados. Tras cruzar transitaremos junto a un transformador.

6.225 / 3.085
Llegamos a la estación de Aluche. Otra forma de acceder a esta ruta, bien en tren de cercanías C-5 o metro L-5.

Pasaremos bajo la línea 5 de metro junto a la parada de autobuses para cruzar la calle de Ocaña y girar a nuestra izquierda.

6.460 / 2.850

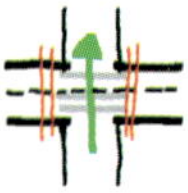

Cruzar la calle de Valmojado para llegar al Parque Alcalde Carlos Arias Navarro. Este tramo junto al parque tiene mucha gente habitualmente, por lo que hemos de tener más cuidado aún.

7.145 / 2.165

Cruce con la calle Illescas.

7.760 / 1.550

Tras un giro a la izquierda llegamos al paso de la calle Seseña. Ahora rodearemos por el norte la colonia Santa Elena.

Tras unas pequeñas curvas en subida y pasar junto a un área para entrenamiento deportivo dispuesta por el ayuntamiento llegaremos a un nuevo descansadero (muy mal estado). A la derecha tenemos una subestación eléctrica.

8.610 / 0.700

Puente sobre el Paseo de Extremadura (carretera A-5).

Al pasarlo tenemos enfrente la Casa de Campo, cuando bajemos nuestro conocido firme de color rojo desaparece. Tenemos dos opciones para llegar al final de la ruta: la más recomendable es continuar de frente hasta llegar a un camino creado sobre la soterrada línea 10 de metro (tras pasar la instalación del Canal de Isabel II vemos un tramo del camino a nuestra izquierda enmarcado con barandillas de madera) al girar a la derecha llegaremos sin perdida a la estación de Casa de Campo.

La otra consiste en nada más bajar el puente girar a la derecha siguiendo la tapia, para llegar a la estación de metro de Casa de Campo.

9.310 / 0.000

Estación de metro de Casa de Campo y fin de nuestra ruta. El retorno se realizará por el mismo camino o cogeremos el metro en esta estación.

4.- BUITRAGO DEL LOZOYA

En esta ruta partiremos de la localidad de Buitrago del Lozoya, catalogada Bien de Interés Cultural como Conjunto Histórico Artístico desde 1.993. Importante núcleo en la época medieval como lo atestigua su castillo y su recinto amurallado (único municipio de la Comunidad de Madrid que lo conserva íntegro), defendido por altas murallas (el Adarve sur mide 9 m. de alto y su grosor es de 3'2 m.) y el río Lozoya. A destacar la Coracha, muralla que desde el recinto del castillo baja hasta el río para proteger a la gente en caso de sitio y poder coger agua.

También es importante destacar el museo Picasso. Éste fue creado por el barbero del celebre artista, llamado Eugenio Arias, cuyas obras le fueron regaladas por el propio pintor Pablo Ruiz Picasso. Se encuentra situado en los bajos del ayuntamiento, y consta de unas 60 obras. A destacar la litografía "El prisionero y la paloma".

Interesante para los más pequeños las antenas que la Agencia Espacial tiene situadas en las proximidades de la villa.

Durante el mes de septiembre celebran un mercado medieval y en Navidad las gentes de la localidad representan un Belén viviente de unas 200 personas.

Contemplando Puentes Viejas

Ficha de Ruta

Situación: En la zona norte de la provincia de Madrid.

Acceso: En vehículo propio por la A-1 hasta P.K. 75 desvío dirección Buitrago del Lozoya. Estacionaremos nuestro vehículo cerca del cuartel de la Guardia Civil.

Longitud: 10.995 metros.

Otros usuarios: Senderistas.

Desnivel: Prácticamente nulo. Salvo algún repecho.

Tipo de firme: Pista en buen estado y sendas.

Dificultad: Únicamente la longitud que queramos ampliar ya que no es una ruta fija, y admite innumerables modificaciones, ampliando o reduciendo la misma.

Cartografía: 484-II o 484 C.N.I.G. 484 C.G.E. y Sierra Norte de la Tienda Verde.

Observaciones: Precaución con las reses que posiblemente encontremos en nuestra ruta.

Medio natural a destacar: Los embalses de Riosequillo (utilizado como lugar de invernada por somormujos lavancos, ánade real, zampullín cuellinegro), Puentes Viejas y de El Villar son zonas húmedas protegidas. En el río Lozoya nidifica el martín pescador y se encuentra la última población estable de nutrias.

Patrimonio cultural a destacar: El Alcázar (S. XIV y S. XV). La iglesia de Santa María del Castillo (S. XIV) aunque en 1936 un incendio la destruye y fue reconstruida más tarde en estilo neomúdejar.

Información adicional:

Ayuntamiento de Buitrago de Lozoya	914 340 910
Turismo	918 680 056 / 04
Centro de recursos e iniciativas turísticas	C\ Tahona 11

www.buitrago.org

www.sierranorte.com

www.madrid.org/museo_picasso/

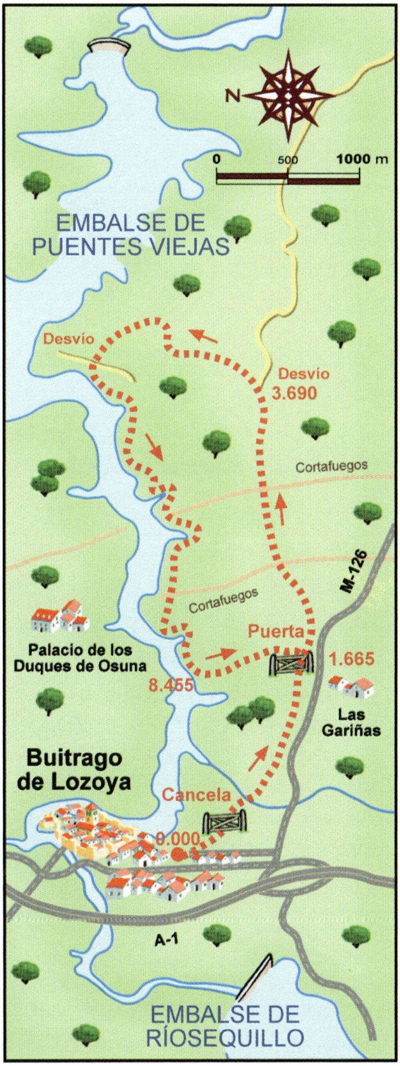

0.000 / 10.995

Estacionaremos cerca del cuartel de la Guardia Civil, enfrente a su puerta tenemos una cabina de teléfono.

Este será nuestro punto de partida, continuaremos por la calle San Lázaro. Al lado contrario de la antigua carretera N-I tenemos el complejo educativo Santa María del Castillo.

A los pocos metros tenemos a nuestra izquierda el paseo Río Lozoya.

La calle San Lázaro al acabar el Cuartel de la Guardia Civil, cambia su nombre por el de calle Camino de Mangirón.

0.100 / 10.185

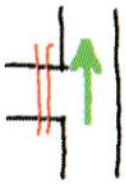

A nuestra izquierda tenemos la calle Peñalara.

0.255 / 10.740

A nuestra izquierda tenemos la calle Cotos, a nuestra derecha tenemos una tapia que delimita la calleja de tierra que hemos de continuar. Posteriormente estará delimitada por ambos lados.

En la esquina de Cotos con la calleja están construyendo una residencia de mayores.

0.380 / 10.615

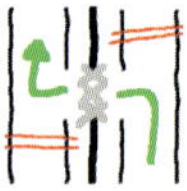

A nuestra izquierda tenemos una valla que podemos pasar, la atravesamos y continuamos por el camino que continúa por el interior de la tapia, a la que posteriormente se sumará una valla.

La calleja un poco más adelante es impracticable.

0.570 / 10.425

Cruzamos el arroyo de la Tejera que vierte sus aguas sobre el embalse de Puentes Viejas.

Ahora tenemos un repecho de subida de 30 m. de desnivel que a los más pequeños y a los menos hábiles les hará bajar de la bicicleta.

0.750 / 10.245

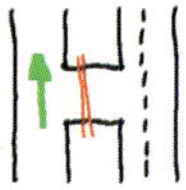

Estamos en un punto en el cual se suma a la tapia una segunda valla. Tras la subida llegamos a una zona cómoda y circularemos paralelos a la carretera M-126 que comunica Buitrago del Lozoya con Manjirón (Puentes Viejas). El camino se hace menos evidente, pero siempre hemos de seguir la valla.

1.090 / 9.905

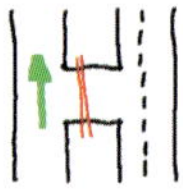

A nuestra derecha tenemos una puerta, la ignoramos.

1.180 / 9.815

Nueva puerta al lado derecho de nuestra ruta, tampoco la hemos de prestar atención.

1.665 / 9.330

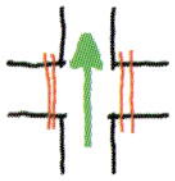

Puerta de acceso desde Las Gariñas, hemos de seguir nuestro rodar por la pista en buenas condiciones que tenemos de frente.

2.415 / 8.580

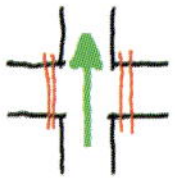

Cruzamos un cortafuegos por la pista que llevamos.

2.960 / 8.035

Nuevo cortafuegos, tanto éste como el anterior los volveremos a cruzar en el retorno de nuestro recorrido pero por su parte más baja. Es utilizado a su vez para el paso de un tendido eléctrico. A la izquierda parte una pista que hemos de ignorar.

3.485 / 7.510
Pequeño cruce a la izquierda que no nos vale para nada.

3.560 / 7.435
Nuevo pequeño cruce a la izquierda, este también sirve como cortafuegos.

3.690 / 7.305

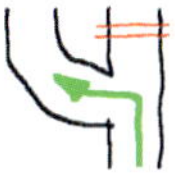

Abandonamos la pista por la que rodamos para coger el ramal izquierdo. La pista que continúa de frente nos conduce a una cancela situada delante nuestro a 150 m. que al pasarla nos lleva por la Casa de los Conejos y posteriormente nos desemboca en la carretera M-135 que une Manjirón con Paredes de Buitrago cruzando el embalse. Entramos en una fresneda.

3.795 / 7.200
Cruzamos por la pista que llevamos por un trozo de tapia derruida. Volvemos a entrar en zona de pinar.

Ternero amamantado

4.055 / 6.940

Tras una nueva tapia derruida, llegamos a una encrucijada de caminos, hemos de girar a la izquierda.

4.505 / 6.490

Nuevo cortafuegos que a su vez es surcado por una línea de alta tensión. Continuamos de frente.

En estos primeros metros tendremos a nuestra derecha una tapia. Nos acompañarán las encinas en este tramo de nuestro rodar.

4.900 / 6.095

Tras la curva que hemos dado hacia la izquierda llegamos nuevamente al cortafuegos anterior, lo volvemos a cruzar.

5.180 / 5.815

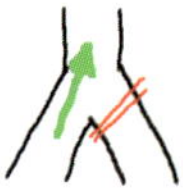

Continuamos de frente ignorando la pista que nos entra por la derecha.

5.230 / 5.765

Tenemos a la derecha restos de tapia, junto a ésta vemos restos de una rodera, nosotros hemos de continuar por la pista que llevamos, el ramal más evidente.

5.330 / 5.665

La pista continúa de frente, pero nosotros cogemos el ramal derecho para continuar junto al embalse de Puentes Viejas.

6.580 / 4.415

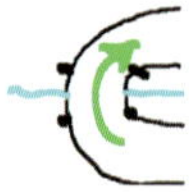

En esta fuerte curva a derechas, pasamos sobre un pequeño arroyo que suele estar seco a finales de primavera y verano.

6.785 / 4.210

Pasamos sobre el cortafuegos (bajo el tendido eléctrico) que ya pasamos en el P.K. 2.960. Al otro lado del embalse podemos ver las ruinas del Palacio de los Duques de Osuna aunque posteriormente encontraremos zonas desde donde poder verlo mejor.

7.070 / 3.925

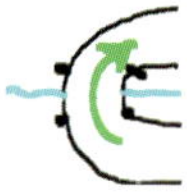

Nueva curva a la derecha para pasar sobre un pequeño arroyo.

8.100 / 2.895

Pasamos en otra curva a derechas sobre otro pequeño arroyo.

8.245 / 2.750

Circulamos pegados a los restos de una tapia derruida.

Embalse de Puentes Viejas. Palacio Duques de Osuna. Verano 2005.

8.455 / 2.540

En este punto abandonamos el embalse para dirigirnos a la puerta de las Gariñas. El camino que surge a la derecha continúa el embalse más adelante se vuelve impracticable para la bici excepto para los más hábiles por lo que es preferible continuar la pista.

9.330 / 1.665

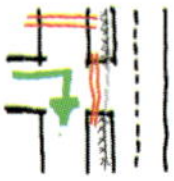

Llegamos a la puerta de acceso de

las Gariñas. Ya pasamos por aquí a los 1.665 metros de nuestra ruta, ahora cogeremos el mismo camino que trajimos para regresar a Buitrago del Lozoya y concluir nuestra ruta.

10.995 / 0.000

Fin de nuestra ruta junto a la cabina de teléfono.

5.- CANAL DEL VILLAR

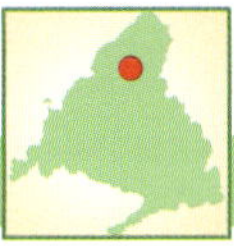

El Berrueco

Recorreremos una zona poco conocida por la gran mayoría, pero de un alto interés faunístico y de ingeniería. Se transitara por la vía de servicio del Canal de El Villar, perteneciente al Canal de Isabel II. El Canal de Isabel II se fundó para abastecer a la capital de agua y se creó mediante decreto el 18 de junio de 1851, llevando sus aguas a Madrid en 1860.

Una de las grandes curiosidades de esta ruta recae sobre la presa de El Villar, ya que fue la primera presa de bóveda construida en el mundo.

Piragüistas y acueducto en el embalse de El Atazar

Ficha de Ruta

Situación: Sierra norte de Madrid junto a la localidad de El Berrueco y el embalse de El Atazar.

Acceso: Vehículo propio por la A-1, tras el P.K. 60 cogemos el desvío por la Ctra. M-127 hasta El Berrueco. Por la misma carretera continuar dirección Cervera de Buitrago, Robledillo de la Jara, Camping. Al salir del casco urbano coger carretera a la derecha por la indicación Vallehondo - Mirador.

Longitud: 16 Km. Ida y vuelta incluyendo la subida hasta la carretera que lleva a la presa de El Villar.

Otros usuarios: Senderistas. No apta para personas con movilidad reducida ni patinadores debido a que en algunos tramos hay abundancia de piedra suelta.

Desnivel: Cota mínima 880 m., cota máxima 950 m.

Tipo de firme: Pista de tierra con zonas de piedra suelta.

Dificultad: Nula.

Cartografía: 484-II y 484-IV C.N.I.G. 484 C.G.E. Sierra Norte de la T. V.

Observaciones: Interesantes muestras de arquitectura militar de época árabe (atalayas) en la zona.

Medio natural a destacar: Podemos observar la influencia del hombre en el entorno y en el ecosistema, quedan reductos de lo que antaño fue un gran encinar.

Patrimonio cultural a destacar: La obra de ingeniería del embalse del Atazar y el Canal de El Villar por el cual transitaremos (por su vía de servicio) con sus almenaras, puentes, viaductos, torres de ventilación.

La picota o rollo de la justicia de El Berrueco, mandado colocar en 1593 en una situación próxima a la actual, era el lugar donde en la época de Felipe II se ejecutaba justicia y también era un signo de jurisdicción penal de aquellos años. La iglesia de Santo Tomás levantada sobre una ermita anterior, cabe destacar su portada de estilo románico-mudéjar del siglo XIII y en la capilla mayor el artesonado con molduras talladas y policromadas.

Información adicional:

Ayuntamiento de El Berrueco	918 686 116
Canal de Isabel II	915 451 000
Servicio de Información Ambiental de la Comunidad de Madrid	901 525 525
Consejería de Medio Ambiente de la Comunidad de Madrid	915 803 909

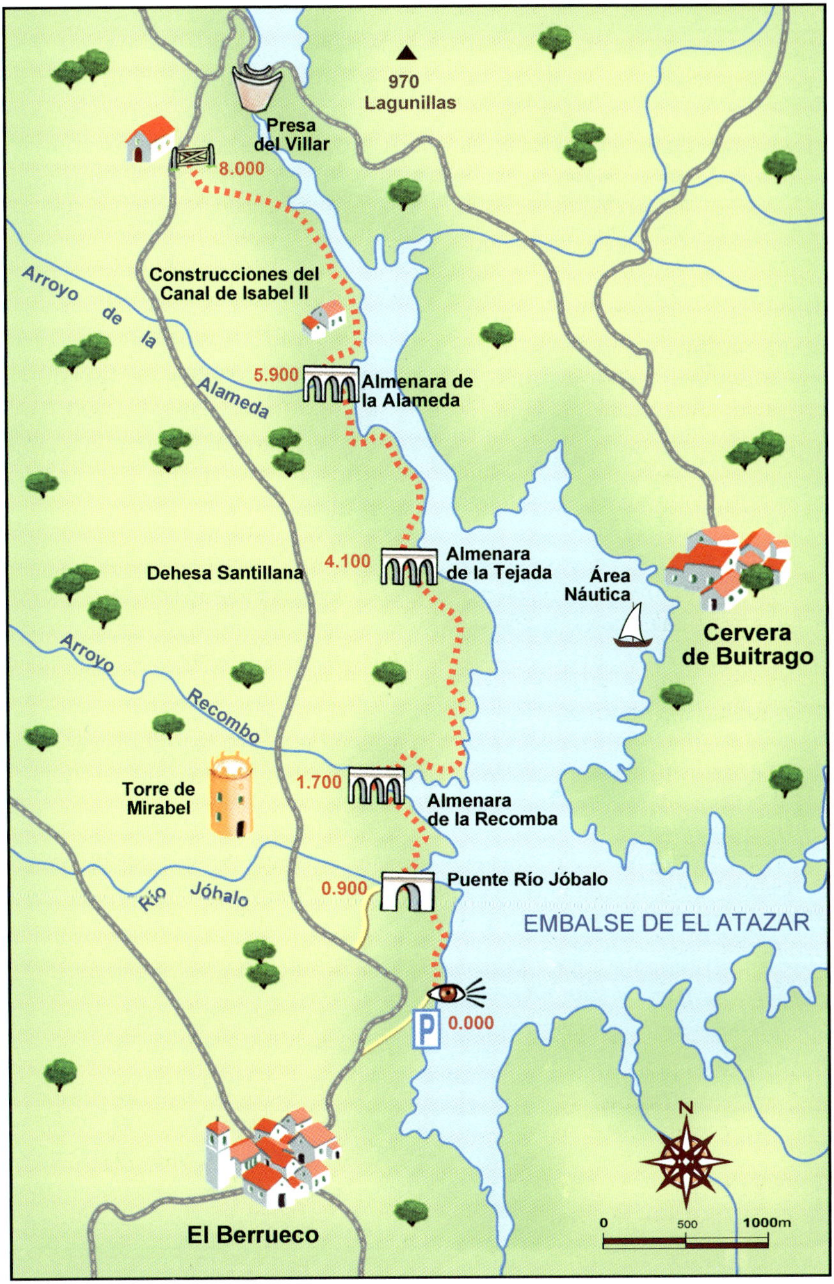
970
Lagunillas
Presa
del Villar
8.000
Construcciones del
Canal de Isabel II
Arroyo de la Alameda
5.900
Almenara de
la Alameda
4.100
Almenara
de la Tejada
Dehesa Santillana
Área
Náutica
Cervera
de Buitrago
Arroyo Recombo
1.700
Almenara
de la Recomba
Torre de
Mirabel
0.900
Puente Río Jóbalo
Río Jóhalo
EMBALSE DE EL ATAZAR
0.000
N
0
500
1000m
El Berrueco

Rollo de El Berrueco

0.000 / 16.000
Aparcamiento. Salimos de éste por la parte contraria a la entrada, directos hacia el embalse, circularemos con precaución por un tramo de carretera semiasfaltada.

A los pocos metros hay un mirador, desde donde si miramos en dirección sudeste veremos la Atalaya del Berrueco. Esta atalaya de origen musulmán, restaurada en 1998 fue declarada, Bien de Interés Cultural.

0.200 / 15.800
Cancela. La atravesamos y continuamos ahora por pista. Ésta es la vía de servicio del Canal de Isabel II (concretamente del Canal de El Villar), el cual abastece de agua a la capital.

0.900 / 15.100
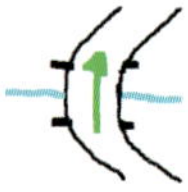
Atención con los más pequeños. Puente sobre el arroyo Jóbalo con aguas tranquilas y limpias. Preciosos alisos a su alrededor. Fácilmente veremos el bonito petirrojo y otras pequeñas aves que aquí acuden a beber.

1.700 / 14.300
Almenara de la Recomba, sirve para controlar el paso del agua abriendo o cerrando sus compuertas, se sitúa junto al viaducto del mismo nombre que tiene 58 metros de largo.

1.900 / 14.100
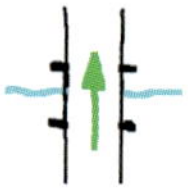
Pequeño puente sobre el arroyo de Recombo.

2.400 / 13.600
Torre de ventilación. Durante la ruta veremos varias, éstas sirven para airear los canales de agua. Tienen forma de cono.

3.000 / 13.000
Torre de ventilación.

4.100 / 11.900
Almenara de la Tejeda. Si miramos en su interior, podremos observar los "volantes" que se usan para que suban y bajen las compuertas. Recordemos que estamos transitando por la vía de

servicio del Canal de El Villar, aunque la pista esta en bastantes buenas condiciones con algún tramo de piedra suelta y algún que otro pequeño bache, hemos de evitar en todo momento ir por encima del canal, puede que veamos a algún otro ciclista o peatón por ella pero es altamente peligroso. Es cierto que es más llano y no tiene desnivel pero es poco recomendable debido al alto riesgo de caída. La pista está flanqueada por encinas y jaras, si prestamos atención veremos gran variedad de aves e insectos. Los coloridos abejarucos, las carracas y un largo sin fin de especies. Durante la ruta veremos un muñeco pintado de azul, "Genaro", el indicador de una ruta que recorre los pueblos de alrededor del embalse de El Atazar.

Piraguas en El Atazar

Torre de Mirabel

Si nos hemos ido fijando habremos visto en la orilla contraria Cervera de Buitrago, fácilmente reconocible entre otras cosas por su embarcadero o puerto deportivo. También veremos piragüistas, otra gran opción para disfrutar de este entorno.

4.700 / 11.300
Torre de ventilación.

5.300 / 10.700
Puente.

5.900 / 10.100
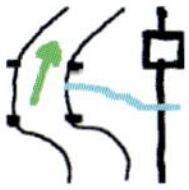
Acueducto y almenara de la Alameda.
Este acueducto tiene 5 ojos (arcos), 6 metros de luz (altura de los arcos) y una longitud de 103 metros sobre el arroyo de la Alameda.

6.100 / 9.900
Construcción del Canal de Isabel II.

6.800 / 9.200

Cancela, cerrarla al pasar como todas aquellas que encontremos en nuestros recorridos por el campo. A la derecha hay unas preciosas vistas del embalse.

6.900 / 9.100

Mirador. A partir de aquí el canal "desaparece" en la montaña. Al mirar en dirección norte aún veremos el canal unos metros más. Desde aquí es subida con piedra suelta, no se recomienda para los más pequeños, debido a la falta de interés y a la ba-

jada que luego tendrían que realizar.

8.000 / 8.000

Cancela, tras ella está la carretera que une El Berrueco con Cervera de Buitrago y Robledillo de la Jara a través de la presa de El Villar.
Aquí daremos la ruta por acabada, el retorno lo haremos por el mismo camino.

Vista desde el Canal del Villar

6.- CASA DE CAMPO I

R-6

Madrid

La historia de la Casa de Campo esta tan ligada a la propia historia de la ciudad de Madrid que prácticamente se puede decir que este pulmón verde es la historia de Madrid.

Desde que Felipe II adquiriera en 1562 la finca a D. Fabrique de Vargas ésta pasó a ser Real Sitio dedicada principalmente a recreo y disfrute de monarcas en la que practicaban una de sus aficiones, la caza.

Durante su primera época bajo reinado de los Austrias, estos segregan una parte de la casa de campo y crean el Reservado: un conjunto de jardines de estilo renacentista, el restaurado Palacio de los Vargas, varias fuentes y estatuas para deleite de la monarquía.

En 1744 Fernando VI adquiere más propiedades y amplia la superficie del Real Sitio.

Carlos III le da el máximo esplendor a la Casa de Campo con la compra de más terrenos y la creación de la tapia que la encierra (con curiosidades tales como las rejas de los arroyos), construcción de la Iglesia de la Torrecilla y la de Rodajos, los puentes sobre el arroyo de Meaques. A partir de este rey deja la función de cazadero real para convertirse en zona más productiva.

El 20 de abril de 1931 (Segunda República) la Casa de Campo pasa a ser propiedad del pueblo de Madrid y abierto al público el 1 de mayo de ese mismo año.

Lamentablemente durante la guerra civil fue escenario de la conocida como batalla de Madrid y uno de los lugares más castigados durante la contienda. Fue durante los tres años de conflictos uno de los frentes más activos. Desde el cerro Garabitas se disparaban los obuses que caían en la Gran Vía que fue conocida como la "Avenida de los obuses".

Ficha de Ruta

Situación: En el término municipal de Madrid.

Acceso: En metro hasta la estación de Casa de Campo de la L-10 de Metro o Batán de la misma línea. Si quisiéramos acceder en tren podríamos hacerlo hasta la estación de Aluche de la C-5 y utilizar parte de la ruta 3: Anillo Verde III.

En vehículo propio por el paseo de Extremadura (A-5) hasta acceder a la Casa de Campo por la entrada marcada como ZOO. Es conveniente dejar nuestro vehículo cerca de la estación de Metro o en los estacionamientos habilitados dentro de la Casa de Campo.

Longitud: 18.340 metros la ruta completa. Admite atajar o ampliar la ruta.

Otros usuarios: Senderistas, jinetes ya que se encuentra cerca el club de campo Villa de Madrid. Los patinadores y personas con movilidad reducida, pueden aprovechar las cortadas carreteras al tráfico (consultar el mapa), para deleite de ellos y del resto de visitantes.

Desnivel: 690 metros cota más alta y 595 la más baja junto al lago.

Tipo de firme: Carreteras cortadas al tráfico, pistas, caminos.

Dificultad: Únicamente el enjambre de caminos en los que habrá que estar atentos a las indicaciones de la topoguía.

Cartografía: Mapa de la Casa de Campo / 559 I, III y 559 C.N.I.G. / 559 S.G.E.

Observaciones: Se puede recorrer en cualquier temporada, pero siempre con calma para poder disfrutar de este paraje e investigar en su historia.

Medio natural a destacar: Disfrutaremos de pinares de pino piñonero, encinares... dentro de la Casa de Campo hay 18 ejemplares de árboles catalogados como singulares bien por su porte, forma, antigüedad, perímetro del tronco,... hay por ejemplo Cedro del Himalaya, Cedro del Atlas Azul, Plátano de sombra, Roble, Pinos Piñoneros, Majuelo, Ciprés, Taray,...

Patrimonio cultural a destacar: Restos de construcciones desde el S.XVI, que denotan la importancia histórica de este enclave natural.

Información adicional:

Ayuntamiento de Madrid	010	www.munimadrid.es
SEO - Birdlife	914 340 910	www.seo.org
Consorcio Regional de Transportes	915 804 260	www.ctm-madrid.es
Albergue Richard Schirrmann	914 635 699	

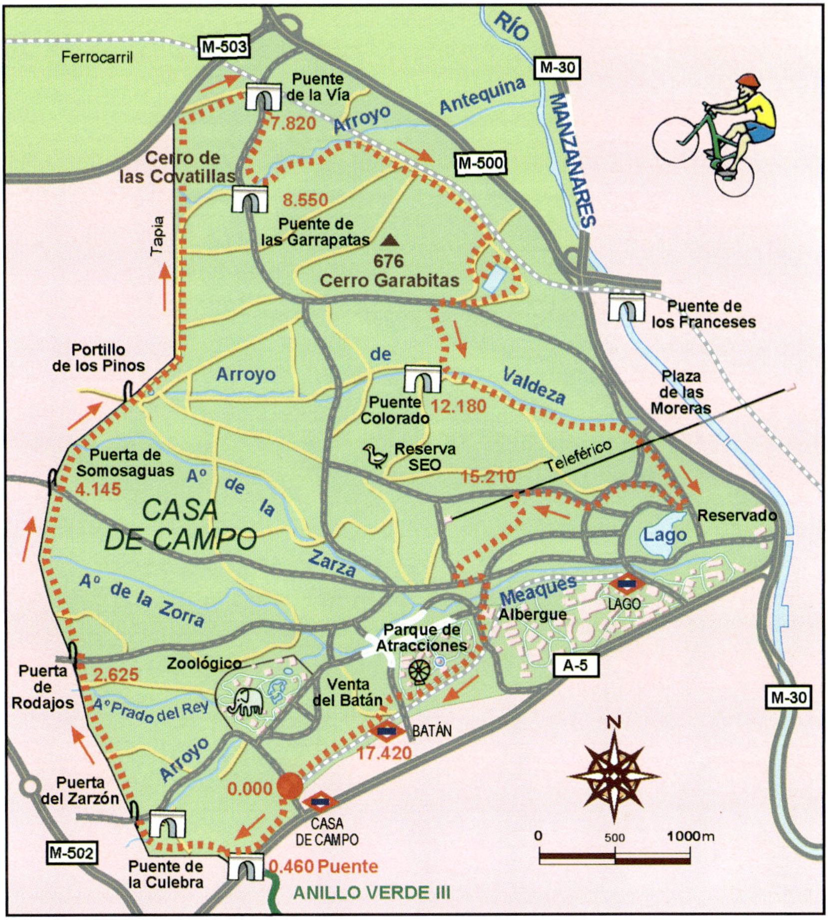

0.000 / 18.340

Situados en la salida del Metro de Casa de Campo, y mirando hacia ella, cruzaremos por el paso de cebra que hay a la izquierda (dejando las casas a nuestra espalda) y circularemos sobre la vía del metro que en este tramo está soterrada.

0.460 / 17.880

A la izquierda tenemos el acceso desde el anillo verde, ya descrito en Ruta 3: Anillo Verde III. Orcasitas – Casa de Campo.

Tras este cruce tenemos a la izquierda un deposito del Canal de Isabel II.

0.705 / 17.635
Junto a una torre de alta tensión tenemos a nuestra izquierda uno de los portillos que se abrían en la tapia que circunvalaba la casa de campo, actualmente el lienzo de tapia que se encuentra en mejor estado esta en la parte más al oeste y norte del parque. Ya en el S.XVI en tiempo de Felipe II se tiene constancia de la existencia de un cerramiento, aunque la parte mejor conservada data de la época de Carlos III a finales del S.XVIII. Continuamos de frente, siguiendo siempre por la pista principal.

1.180 / 17.160
Encrucijada que resolvemos continuando de frente para cruzar el arroyo de Meaques.
Si giráramos a la izquierda para continuar por la parte más externa y más cercana a la tapia llegaríamos pasando por la Reja de Meaques a la Puerta del Zarzón.

1.235 / 17.105
Pasamos sobre el arroyo de Meaques. Tanto en este como en el resto de los arroyos de la Casa de Campo podremos observar su vegetación compuesta entre otros árboles por fresnos, olmos, tarayes, sauces, etc.

1.410 / 16.930
Llegamos a la carretera del Zarzón (cortada al tráfico) giramos a la izquierda para dirigirnos hacia la puerta del mismo nombre (a 100 metros) y continuar por la pista que pegados a la tapia nos llevará hacia el norte. A la derecha a unos 100 metros tenemos uno de los puentes más bonitos de la casa de campo (si no el que más), el puente de la Culebra que salva el arroyo de Meaques.

2.010 / 16.330
Pasamos sobre el arroyo del Espinillo. Posteriormente pasaremos sobre el arroyo de Prado del Rey. Ambos están "protegidos" por sus respectivas rejas que se instala-

ron para preservar el cazadero real en siglos anteriores.

2.625 / 15.715
Tras una barrera, llegamos a la carretera Rodajos, junto a ella la puerta homónima, hay un aparcamiento y enfrente un área infantil que hará las delicias de los más pequeños. La carretera está cortada el tráfico aunque esta permitido el paso hasta el aparcamiento. Hemos de continuar utilizando la pista perimetral.

3.595 /14.745
Estamos junto al arroyo de la Zorra, a la izquierda vemos su reja bajo la tapia. Ahora tenemos un tramo de subida.

4.145 / 14.195
Estamos en el punto más alto de nuestra ruta a 690 metros de altura sobre el nivel del mar. Hemos de tener precaución a partir de ahora ya que tendremos una rápida bajada.

5.195 / 13.145
A nuestra izquierda el Portillo de los Pinos. Éste da ac-

Restos de las trincheras de la Guerra Civil

ceso a las personas que quieran ir por el camino de Húmera. A mano derecha el camino de Garabitas que conduce al cerro del mismo nombre.
Continuamos de frente pegados a la tapia.

6.425 / 11.915
Pasamos sobre el arroyo de Antequina. Subimos ahora al cerro de las Covatillas de 650 m. en cuya parte alta tenemos los restos de la Casa Quemada.

7.480 / 10.860
Ahora la pista hace un brusco giro a la derecha para acompañar a la vía férrea en su camino hacia Madrid. Continuamos hasta llegar al puente que la salva.

7.820 / 10.520
Puente sobre la vía férrea. Estamos sobre la conocida como "Carretera de la Ciudad Universitaria", actualmente cortada al tráfico. Sin cruzar el puente, seguimos dicha carretera hacia el sur.

8.550 / 9.790

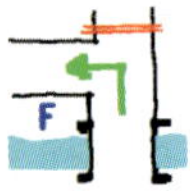

Puente de las Garrapatas que pasa sobre el arroyo de Antequina, junto a éste tenemos una fuente.
Hemos de girar a la izquierda tras el puente y coger la pista que hay junto a la fuente, que nos llevará sin coger desvíos hasta el siguiente punto.

9.600 / 8.740

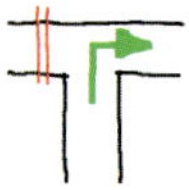

Llegamos a la pista que acompaña al tren en su camino. Durante un rato iremos en paralelo ambos medios tan ecológicos.

10.760 / 7.580
Estamos junto a las ruinas de la casa del Guarda. En este cruce de caminos hemos de coger el de la derecha que en subida nos llevará a un rincón desconocido para gran parte de los asiduos del parque.

11.120 / 7.220
A nuestro lado tenemos el estanque que con sus 630 metros es una perfecta atala-

ya para observar Madrid. Lo rodearemos por la izquierda y al otro lado tenemos la fuente del Repartidor.
Tras pasar junto al área infantil hemos de coger la carretera que traíamos que se dirige al cerro Garabitas.

11.600 / 6.740

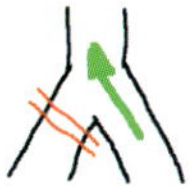

Hemos de seguir de frente sin coger la carretera que desciende junto al arroyo de las Covatillas. En las inmediaciones tenemos fuentes para proveernos de agua.

11.770 / 6.570

Abandonamos la carretera para coger la pista que se dirige al sur. Pasaremos posteriormente por un cruce pero hemos de seguir en línea recta.

12.180 / 6.160

Hemos llegado al arroyo de Valdeza.
Ahora pasaremos bajo el puente Colorado sobre el que se encuentran restos de una antigua acequia.
A nuestra derecha tenemos un vallado para preservar

Por la Casa de Campo

una zona que se encuentra en fase de regeneración forestal y también es reserva ornitológica.
Tenemos que seguir el arroyo hasta su encuentro con otro tramo de carretera.

13.560 / 4.780

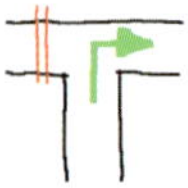

Llegados a este punto junto a la carretera tenemos que seguir por el camino que la acompaña hacia el sur, pasaremos por la plaza de las Moreras, y continuaremos el camino que llevamos denominado Paseo del Piñonero.

14.360 / 3.980

Situados en esta encrucijada con el lago delante vemos a la izquierda el reservado y la Casa–Palacio que construyó la familia Vargas, posteriormente adquirida por Felipe II.

La Casa-Palacio en los viejos tiempos

A la derecha la carretera que da acceso al teleférico que tenemos que seguir durante unos metros (junto a ella hay caminos para evitar rodar por el asfalto).
Por debajo y pegado al lago tenemos el paseo de la Torrecilla, no confundir.

14.790 / 3.550
Seguimos de frente.

15.210 / 3.130
Junto a un campo de fútbol situado en la parte derecha de la carretera y un aparcamiento hemos de coger a la izquierda un camino semiescondido que en un principio circula paralelo a una antigua acequia que se dirige al oeste.

15.650 / 2.690
El camino se encuentra interrumpido, giramos a la izquierda, para llegar a otro camino paralelo a la acequia, que nos llevará al mismo punto.

15.790 / 2.550
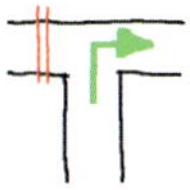
En este cruce, cambiamos de rumbo para dirigirnos hacia la derecha.
Estamos circulando junto al paseo de los Plátanos.

16.370 / 1.970
Carretera cortada de acceso por el sur al teleférico. La cogemos y bajamos por ella. En pocos metros llegamos a un cruce, giramos a izquierdas para llegar a la glorieta de las Siete Hermanas.

16.440 / 1.900
Glorieta, con mucha precaución tenemos que coger la carretera que se dirige hacia la derecha, pasando por el puente de las Siete Hermanas sobre el arroyo de Meaques y nos conduce al albergue Richard Schirmann, al que sobrepasaremos.

16.650 / 1.690
Cruzamos con precaución y cogemos el camino que paralelo a la carretera se dirige a la izquierda.

16.900 / 1.440
A partir de ahora iremos acompañados de la línea 10 de Metro en su rodar hacía el metro de Batan, Casa de Campo,... viramos a la derecha.

17.310 / 1.030
Tras haber circulado encajados entre el Parque de Atracciones y el Metro, llega-

mos a una barrera, cruzamos la carretera y seguimos pegados al Metro. Más a la izquierda esta el acceso por la puerta de la Venta.

17.420 / 0.920
Acceso y aparcamiento del metro de Batán.

17.680 / 0.660
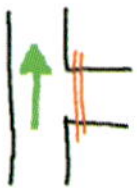
A la derecha hay una pista que no utilizamos, pero si nos fijamos vemos junto a ella restos de trincheras de la guerra civil.

18.280 / 0.060
Barrera. A nuestra izquierda, en apenas 90 metros, la boca de acceso al Metro de Casa de Campo.

18.340 / 0.000
Metro y fin de nuestra ruta, por un parque que merece de mayor cariño y cuidado por parte de todos los madrileños que directa e indirectamente disfrutamos de él.

7.- CASA DE CAMPO II
Madrid

R-7

Segunda ruta que se describe, en este libro, por la Casa de Campo. No son las únicas ya que este parque admite innumerables variaciones, ampliaciones o modificaciones sobre las propuestas.

Tanto en la ruta anterior como en ésta se pretenden mostrar algunos de los numerosos puntos interesantes que contiene este privilegiado espacio que no ha sido absorbido por la ciudad sino que ha sido preservado.

Estas rutas se han diseñado para que podamos admirar zonas casi intactas, observar espacios variados como encinares, pinares, riberas de los arroyos,... también se ha pretendido no olvidar el legado histórico ya que se pasa cerca de la Casa–Palacio de Felipe II, antiguas acequias, la tapia (Carlos III), trincheras de la guerra civil, ermitas...

Cruzando el Puente de las Garrapatas

Ficha de Ruta

Situación: En el término municipal de Madrid.

Acceso: En metro hasta la estación de Casa de Campo de la L-10 de Metro o Batán de la misma línea. Para acceder en tren hemos de hacerlo hasta la estación de Aluche de la C-5 y utilizar parte de la ruta 3: Anillo Verde III. En vehículo propio por el paseo de Extremadura (A-5) hasta acceder a la Casa de Campo por la entrada marcada como ZOO. Es conveniente dejar nuestro vehículo cerca de la estación de Metro o en los estacionamientos habilitados dentro de la Casa de Campo.

Longitud: 16.955 metros la ruta completa, se puede acortar.

Otros usuarios: Senderistas. Patinadores y personas con movilidad reducida, pueden aprovechar las carreteras cortadas al tráfico (consultar el mapa), ya que algunos tramos de caminos y pistas no están transitables en especial después de lluvias.

Desnivel: 676 metros en el Cerro Garabitas y 595 metros en el lago.

Tipo de firme: Carreteras cortadas al tráfico, pistas, caminos.

Dificultad: Tramos con tráfico y cruces con carreteras.

Cartografía: Mapa de la Casa de Campo / 559 I, III y 559 C.N.I.G. / 559 S.G.E.

Observaciones: Se puede recorrer en cualquier temporada, pero siempre con calma para poder disfrutar de este paraje e investigar en su historia.

Medio natural a destacar: Observaremos pinares de pino piñonero, encinares, y vegetación de ribera como fresnos, olmos, sauces, tarayes... Únicamente se mantienen los pequeños mamíferos como liebres, conejos, topos, ardillas... y aves como el pito real, carbonero, herrerillo, abubilla, mochuelo, pinzón, mirlo, ruiseñor... reptiles como culebras o anfibios como galápago leproso o múltiples especies de lagartijas. Curioso es ver a la introducida cotorra Argentina y a las tortugas de Florida.

Patrimonio cultural a destacar: Ya descrito en la ruta anterior.

Información adicional:

Ayuntamiento de Madrid	010	www.munimadrid.es
SEO - Birdlife	914 340 910	www.seo.org
Consorcio Regional de Transportes	915 804 260	www.ctm-madrid.es
Albergue Richard Schirrmann	914 635 699	
RENFE	902 240 202	

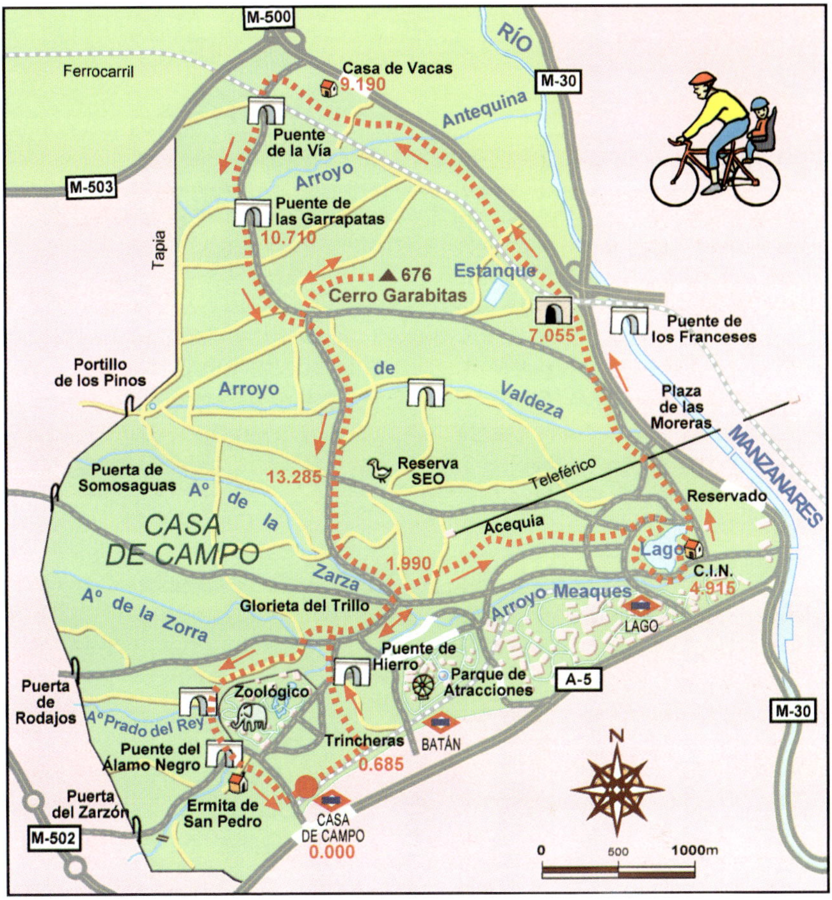

0.000 / 16.955
Salimos del Metro y dejamos la carretera de acceso a la Casa de Campo a nuestra izquierda, para dirigirnos hacia el interior del parque.

0.060 / 16.895
Tenemos a nuestra derecha la pista perimetral que ya utilizamos durante algunos tramos en la ruta 6: Casa de Campo I.

La cogemos para dirigirnos junto al metro, que aparecerá más adelante, hacia el este.

0.685 /16.270

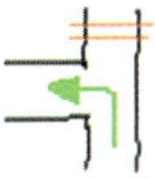

Pista a la izquierda que cogemos, junto a ella vemos restos de las que fueron trincheras de la guerra civil.

0.835 / 16.120

Cruce sin importancia, seguimos de frente.

1.210 / 15.745

Llegamos a una barrera para impedir el paso de vehículos a motor. Delante tenemos la carretera del Batán que se encuentra abierta al tráfico y que da acceso al Zoológico y al Parque de atracciones entre otros lugares. Cruzamos con mucha precaución y nos dirigimos de frente para atravesar el puente de Hierro sobre el arroyo de Meaques.

1.280 / 15.675

Puente de Hierro, proseguimos por la carretera que llevamos (cortada al tráfico). Junto a este puente podemos observar la vegetación, que entre otras especies cuenta con eneas, roble melojo, chopo lombardo...

1.465 / 15.490

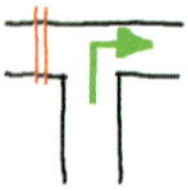

Llegamos a una carretera denominada carretera de Rodajos, con cortes temporales (es conveniente preguntar antes en el

Centro de Educación Ambiental situado junto al lago, o informarnos por teléfono), suele estar cerrada los domingos y festivos. Giramos a la derecha para continuar por esta carretera. Más adelante nos surge otra a la derecha a la que ignoraremos.

1.990 / 14.965

Glorieta del Trillo también llamada de la Encina.
Por la izquierda nos aparece la carretera de Somosaguas y casi de frente la carretera de la Ciudad Universitaria, ambas cortadas al tráfico motorizado.
En línea recta según vamos, hemos de dirigirnos al lado contrario de la glorieta y tras ella vemos un camino junto a una antigua acequia. Es el camino que hemos de coger y continuarlo en paralelo a la carretera que se dirige al lago (derecha).

2.295 / 14.660
Cruce sin importancia, seguimos junto al antiguo caz.

2.475 /14.480
Nos encontramos en la carretera que une el paseo situado a nuestra derecha con el Teleférico, cortada al tráfico permanentemente.

3.030 / 13.925
El camino junto a la acequia se corta, bajamos hacia la derecha y cogemos el primer camino que tenemos que nos va a llevar en paralelo al paseo de los Plátanos hasta el lago. Hemos de mantener el rumbo que traemos.

3.425 / 13.530
Barrera, continuamos.

3.440 /13.515
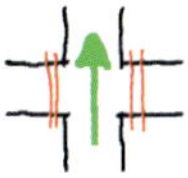
Cruce con carretera cortada al tráfico que sube hacia un campo de fútbol.

3.650 / 13.305
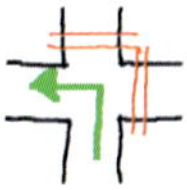
A nuestra izquierda vemos unas escaleras, desmontamos y subimos por ellas para llegar al cerro de la Torrecilla que con sus 617 metros es un ex-

Circulando por las carreteras cortadas al tráfico

celente mirador del lago y de parte de Madrid.

3.720 / 13.235
Mirador. Tras disfrutar de las vistas, salimos hacia el norte para coger el paseo de la Torrecilla hacia la derecha y que nos conduce a las inmediaciones del lago. Hemos de tener precaución y coger los caminos laterales.

4.030 /12.925
Cruzamos con suma precaución y junto a un establecimiento hostelero cogemos un camino que se dirige recto hacia el lago.

4.180 / 12.775
Lago, a partir de ahora lo vamos a rodear en sentido inverso a las manecillas del reloj.

4.800 / 12.155
Embarcadero.

4.915 / 12.040
Centro de Interpretación de la Naturaleza de la Casa de Campo, junto a él tenemos un estacionamiento para bicicletas donde dejarlas bien atadas y poder visitar con calma el Centro. En las inmediaciones podemos observar los enormes nidos de las cotorritas argentinas, especie no autóctona (quizás porque se hayan fugado o las hayan soltado), que se ha adaptado muy bien a este enclave. Continuamos dando la vuelta al lago.

5.295 / 11.660
Abandonamos la ribera del lago para con mucho cuidado cruzar y coger el camino que junto al paseo del Pino Piñonero y pegado a la tapia del Reservado nos conducirá por la parte este del parque hacia la zona norte.

5.910 / 11.045
Plaza de las Moreras, hemos de continuar de frente. Este punto es muy peligroso debido al tráfico, pero valiéndonos de nuestras monturas usaremos los caminos laterales que evitan el asfalto.

6.110 /10.845
Pasamos sobre el arroyo de Valdueza. Proseguimos de frente.

6.650 / 10.305

Hemos de coger la carretera cortada al tráfico (aunque algún vehículo se mete por equivocación), situada hacia la derecha. A nuestra derecha tenemos el paseo del Marques de Monistrol (M-30).

6.800 / 10.155

Tras el puente sobre el arroyo de las Covatillas, hay una pasarela peatonal que da acceso desde las inmediaciones del puente de los Franceses.

7.055 / 9.900

Pasamos bajo la vía férrea que une Príncipe Pío a través de las líneas C-7 y C-10 con Pozuelo, Majadahonda, Chamartín, o Villalba entre otras estaciones.

7.115 / 9.840

Hemos de abandonar la carretera y tras pasar por una barrera continuar la pista que marcha junto al ferrocarril.

7.710 / 9.245

A nuestra derecha hemos pasado junto a un taller de cantería, a la izquierda el ferrocarril, de frente paralela al tren la vía que traemos, pero hemos de abandonarla y coger el carril que sale en diagonal y en bajada.

8.580 / 8.375

Encrucijada, seguimos de frente.

8.645 / 8.310

Puente sobre el arroyo de Antequina. A los pocos metros tenemos una bifurcación, hemos de coger el camino de la izquierda.

9.190 / 7.765

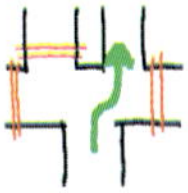

Pasamos sobre una antigua acequia, a nuestro lado derecho tenemos una de las numerosas fuentes que jalonan nuestro recorrido. Esta llamada fuente de Casa de Vacas esta cerca de las actuales ruinas de dicha casa. La mayoría de

acequias de la Casa de Campo se construyeron a mediados del S.XIX. La Casa de Vacas fue mandada construir por Felipe V a principios del S.XVIII para resguardar dichos animales y que sus productos fueran servidos diariamente a los monarcas.
De los dos caminos que tenemos delante usaremos el que esta más a la derecha, pegados a las ruinas.

9.720 / 7.235

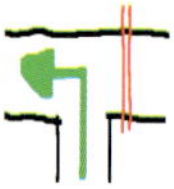

Llegamos a la carretera de la Ciudad Universitaria. Giramos hacia la izquierda.

9.955 / 7.000

Puente sobre la vía. Continuamos por la carretera que llevamos sin coger ningún desvío.

10.710 / 6.245

Puente de las Garrapatas sobre el arroyo de Antequina. Proseguimos con el rumbo que llevamos. A partir de ahora nos tocará esforzarnos más ya que tendremos una subida.

11.730 / 5.225

Llegamos a los Cuatro Caminos, hacia la izquierda vemos una pista que se dirige hacia el cerro de Garabitas,

Acueducto del Canal de la Partida

desde aquí es visible su torre de vigilancia, y hacia ella nos dirigimos.

12.065 / 4.890

Torre de vigilancia. Desde los alrededores de este punto las vistas son inmejorables pudiendo admirar la sierra de Guadarrama y Madrid sin apenas movernos. Esta atalaya fue uno de los puntos más conflictivos durante la guerra civil de 1936-1939 ya que desde aquí las tropas nacionales sitiaban y castigaban con sus obuses al Madrid republicano. Retornamos a los cuatro caminos y continuamos hacia el sur. No hay que equivocarse y bajar por la carretera de Garabitas que sale a nuestra izquierda.

12.215 / 4.740

Estamos junto a un campo de fútbol y una fuente, tras ellos se encuentra la zona de regeneración forestal y reserva ornitológica en un precioso encinar, denominado Encinar de San Pedro (es un área de acceso restringido). Continuamos por la carretera.

13.285 / 3.670

A nuestra izquierda sale la carretera del teleférico que no usamos, proseguimos de frente. Precaución, bajada rápida.

14.405 / 2.550

Llegamos nuevamente a la glorieta del Trillo. Ahora utilizaremos la carretera de Rodajos (es la segunda carretera contando de derecha a izquierda).

14.885 / 2.070

Cruce de carreteras, nosotros continuamos de frente hasta la glorieta de los Caños. La carretera de la izquierda es la que empleamos al venir en el inicio de la ruta.

15.155 / 1.800

Glorieta de los Caños, tenemos que girar a la izquierda y aprovechar la carretera de servicio al Zoo.

15.355 / 1.600

Al lado de la valla, surge a la derecha un camino que pegado a la misma circunvala el zoológico, vamos a ciclar por ella.

16.055 / 0.900
Puente sobre el arroyo de Prado del Rey, éste se cuela en el zoo para una vez dentro verter su aguas en el arroyo de Meaques.

16.355 / 0.620
Puente del Álamo Negro sobre el arroyo de Meaques, continuamos por la pista que llevamos.

16.455 / 0.500
A nuestra izquierda la Ermita de San Pedro y delante nuestro tenemos la carretera

del Batán. Nos hemos de fijar ya que a la derecha de la misma hay un camino marcado con hitos metálicos que nos llevan hasta el Metro de la Casa de Campo.

16.955 / 0.000
Al otro lado del paso de cebra tenemos la boca del Metro y fin de nuestra ruta.

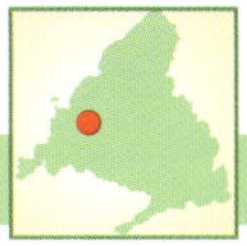

8.- EL ESCORIAL HISTÓRICO

La historia de este lugar se hace notar en cualquier parte de la ruta que vamos a realizar ya que pasaremos por una calzada y un puente romano, una vía pecuaria o el Monasterio.

Felipe II mandó la construcción del impresionante Monasterio de San Lorenzo de El Escorial para conmemorar la victoria de San Quintín y para enterrar a su padre el emperador Carlos V. Se rodeó de los mejores artistas de su tiempo.

El arquitecto Juan Bautista de Toledo la inició en 1563 hasta su fallecimiento en 1567 momento en el cual Juan de Herrera continuó la excelente obra hasta su culminación en 1584.

El estilo sobrio no exento de simbolismo creó escuela denominándose desde entonces de Estilo Herreriano.

El Monasterio tiene salas como la biblioteca (llegó a contar con más de 40.000 volúmenes), la Basílica con 45 altares y cuyo retablo (obra de Juan de Herrera) es digno en sí mismo de merecer nuestra visita, también destaca un Cristo crucificado de mármol de Carrara (1559-1562), el panteón Real donde descansan restos de reyes desde Carlos V (de 26 urnas, 23 están ocupadas) se terminó de construir en 1654, museos de arquitectura o pintura, las estancias reales de los Austrias (que para nuestra época quizás nos parezcan austeras) y una inacabable lista de estancias, lugares, curiosidades, anécdotas,.. hacen que se recomiende ver en un día dedicado exclusivamente a ello.

Monasterio de El Escorial desde la Casita del Príncipe

Ficha de Ruta

Situación: En los términos municipales de El Escorial, San Lorenzo y Zarzalejo en la sierra oeste de Madrid.

Acceso: En tren directo desde Atocha y Chamartín por la línea C-8a. En vehículo propio por la A-6 hasta coger el desvío a El Escorial, pasando por el puerto de Galapagar y cruzando el embalse de Valmayo. Al llegar a una rotonda coger sentido centro urbano y al pasar bajo la vía férrea girar la primera calle a la derecha y dejar nuestro vehículo en la estación de tren.

Longitud: 17.380 metros la ruta completa. Admite múltiples atajos.

Otros usuarios: Senderistas, jinetes (el tramo posterior a la Silla de Felipe II).

Desnivel: 140 metros de diferencia entre la cota más baja y la más alta.

Tipo de firme: Asfalto, pistas con tierra suelta y piedra, así como un tramo de cañada y de calzada romana, en malas condiciones, en las que habrá que echar pie a tierra.

Dificultad: Ruta media pero teniendo en cuenta el tipo de firme en algunos puntos hacen que sea una ruta sólo apta para los más mayores.

Cartografía: 533-I, 533-III, 533 C.N.I.G. / 533 C.G.E. / Sierra Oeste T.V.

Observaciones: Se puede realizar en cualquier época salvo después de lluvias o en invierno.

Medio natural a destacar: Bosque de la Herrería, alrededores Silla de Felipe II.

Patrimonio cultural a destacar: Puente romano, calzada romana, Monasterio (declarado Patrimonio de la Humanidad por la UNESCO en 1984), Silla de Felipe II.

Información adicional:

Ayuntamiento de El Escorial	918 903 644	
Ayuntamiento de Zarzalejo	918905313	www.sanlorenzoturismo.org
Oficina de turismo	918 992 471	
Monasterio de San Lorenzo de El Escorial	918905 904	www.patrimonionacional.es
SEO - Birdlife	914 340 910	www.seo.org
RENFE	902 240 202	
Consorcio Regional de Transportes	915 804 260	www.ctm-madrid.es
Vías pecuarias		www.madrid.org/ceconomia

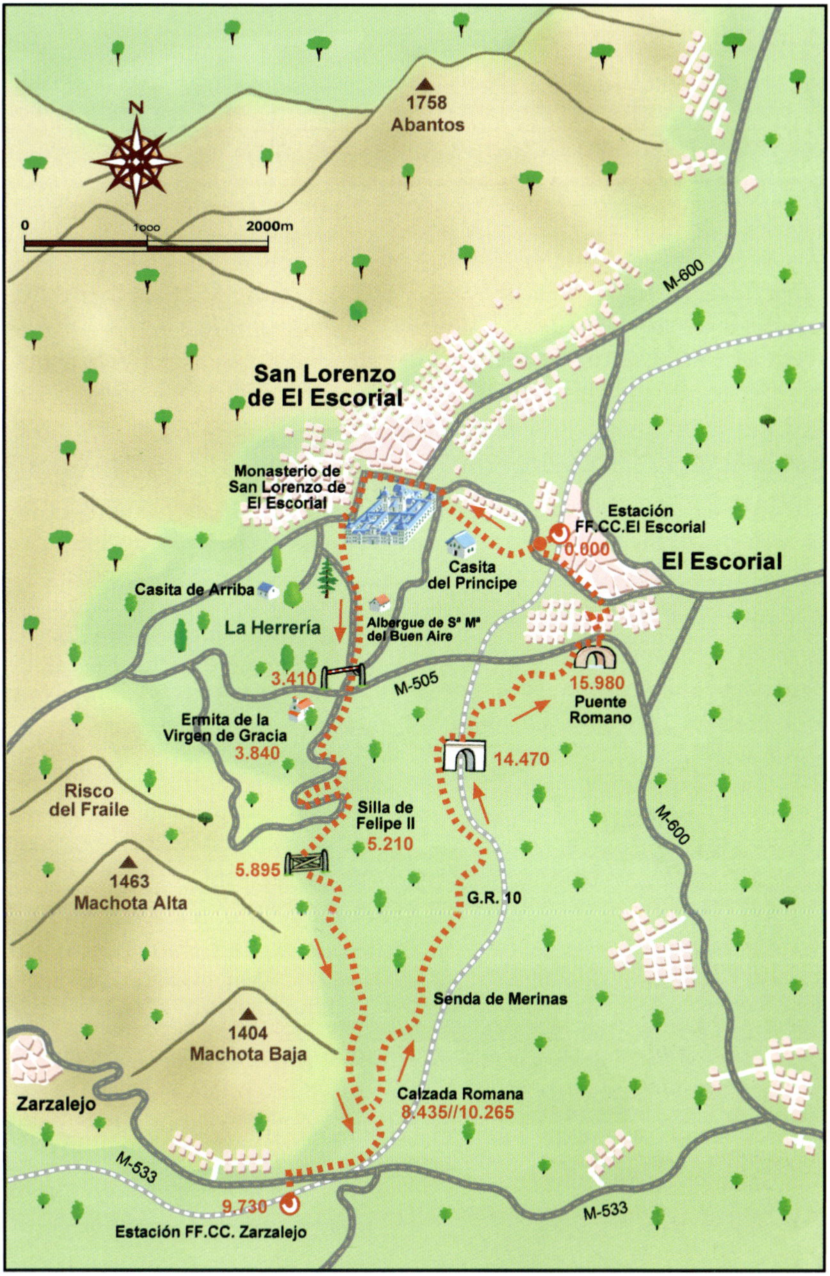

N
0
1000
2000m
1758
Abantos
M-600
San Lorenzo de El Escorial
Monasterio de San Lorenzo de El Escorial
Estación FF.CC.El Escorial
0.000
El Escorial
Casita del Principe
Casita de Arriba
La Herrería
Albergue de Sª Mª del Buen Aire
3.410
M-505
15.980
Puente Romano
Ermita de la Virgen de Gracia
3.840
14.470
Risco del Fraile
Silla de Felipe II
5.210
M-600
5.895
1463
Machota Alta
G.R. 10
Senda de Merinas
1404
Machota Baja
Zarzalejo
Calzada Romana
8.435//10.265
M-533
9.730
Estación FF.CC. Zarzalejo
M-533

0.000 / 17.380
Estación de El Escorial. A nuestra derecha el aparcamiento y a nuestra izquierda tenemos una parada de taxis, de autobuses, una rotonda y una calle en ascenso. Ponemos el cuentakilómetros a 0.000 y nos dirigimos, por esa calle en ascenso, hasta el semáforo situado enfrente a las puertas de acceso a los jardines de la Casita del Príncipe (o casita de abajo).

0.160 / 17.220
Llegados al semáforo. Cruzamos por el paso de cebra situado a nuestra izquierda y nos encaminamos a las puertas de acceso a la Casita del Príncipe.

Felipe II

0.190 / 17.190
Ya dentro de los jardines disfrutaremos de sus árboles de esplendoroso porte debido a su dilatada vida. Veremos castaños, fresnos, robles, pinos... la fauna que quizás más guste a los pequeños serán las ardillas.

0.350 / 17.030

Llegamos a una encrucijada de caminos, nosotros lo salvamos dirigiéndonos cuesta arriba hacia la puerta de salida de los jardines, con dirección al Monasterio de San Lorenzo de El Escorial.
A nuestra izquierda tenemos la Casita del Príncipe (1771-1775). Mandada construir por Carlos III y destinada para recreo del príncipe de Asturias, el futuro Carlos IV. En su interior dispone de salas de gran belleza.
En los jardines de la Casita hay pinsapos, secuoyas o cedros del Himalaya.

Silla de Felipe II

0.805 / 16.575
Cruce de paseos, seguimos de frente hacia la salida Paseo del Príncipe.

1.050 / 16.330

Situados en la puerta de salida de estos jardines tenemos un pequeño cruce, a la izquierda la carretera nos llevaría a un área de picnic y al Albergue Santa María del Buen Aire, a la derecha, la carretera de acceso al Monasterio. Nosotros seguiremos de frente pegados a la tapia y que nos llevara todavía en ascenso al patio del Monasterio.

1.390 / 15.990
Acceso al patio (fin de la subida), transitaremos con sumo cuidado debido a la gran afluencia de público que posee este monumento, al rodearlo saldremos por la penúltima salida (la última tiene escaleras) y giraremos a la izquierda para pasar bajo los arcos que dan acceso a los jardines del monasterio.

1.810 / 15.570
Arcada o paso cubierto que une la Casa de la Compaña y el Monasterio. También da acceso al Jardín de los Frailes.

Ahora seguiremos rodeando esta parte del Monasterio y veremos su estanque habitado por elegantes cisnes y carpas. Seguimos en dirección a la Casita de Arriba.

Continuamos rodeando hasta que lleguemos al acceso al bosque de la Herrería, flanqueado por cuatro columnas pareadas (dos a cada lado). A la derecha tenemos un paso de cebra que no nos vale para nada.

También veremos la carretera en descenso que cogeremos y si nos fijamos veremos las marcas rojas y blancas del G.R. 10 lo que nos indica que estamos en el camino adecuado.

2.065 / 15.315

Acceso, ahora tenemos una rápida bajada que en su tramo medio y bajo tiene resaltes para que se reduzca la velocidad. Los fresnos serán quienes jalonen este tramo de nuestra ruta. En la parte baja tendremos a nuestra derecha el campo de golf de la Herrería.

2.625 / 14.755

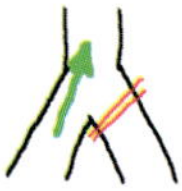

Cruce sin importancia continuamos de frente en bajada. Estamos en la finca de la Herrería que fue comprada en 1562, en aquella época contaba con zona de huertas, prados, tres molinos, batanes, un horno para cocer las tejas y los la-

drillos y también se usó para actividades cinegéticas.

3.370 / 17.010

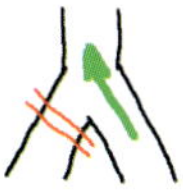

A nuestra izquierda parte otra carretera que nos llevaría al albergue Santa Maria del Buen Aire y posteriormente al P.K. 1.050. Éste es un grato lugar para disfrutar con la familia y poder realizar más actividades en este entorno privilegiado.

3.410 / 13.970

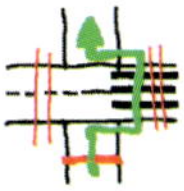

Barrera, precaución ya que llegaremos a la carretera M-505 que da acceso al puerto de la Cruz Verde, cruzaremos por el paso de cebra y continuaremos de frente. Precaución a partir de ahora, hasta nuevo aviso es una carretera con tráfico compartido.
Empieza una nueva subida.

3.615 / 13.765

Vemos un crucero (cruz), cogemos la carretera de la izquierda.
Circularemos por un bonito bosque de roble melojo o rebollo, muy apreciado por su madera. Ya en tiempos de Felipe II era usada para la construcción de sus navíos y como arbusto a destacar tenemos el endrino.

3.840 / 13.540

Ermita de Nuestra Señora de Gracia, junto a ella disponemos de un cartel informativo sobre las aves del monte de la Herrería. A pesar de haber pistas y caminos a los lados de la carretera hemos de seguir hasta llegar a la silla de Felipe II, lugar al cual era traído, ya que estaba aquejado de gota, para poder contemplar la ejecución de las obras de construcción del monasterio.

5.210 / 12.170

Curva fuerte a la derecha y, enfrente, tras dos columnas bajas y una cadena tenemos los bolos graníticos sobre los que se excavaron los asientos para Felipe II y su familia. A sus pies crece un Arce de Montpellier catalogado como Árbol Singular de la Comunidad de Madrid.
Imprescindible subir y ver las vistas del Escorial bajo el Abantos, en días claros también veremos Siete Picos, Bola del Mundo, Maliciosa, la Pedriza, sierra de Hoyo de

Abantos y San Lorenzo de El Escorial desde la Silla de Felipe II

Manzanares... Tras deleitarnos con las vistas recuperamos la carretera y la continuamos hasta llegar a una barrera.

5.555 / 11.825
Barrera, unos pocos metros antes veremos a su izquierda un carril que es el que hemos de tomar.

5.640 / 11.740
Barrera a nuestra izquierda, si fuéramos por ese camino saldríamos a una construcción, la Casa del Sordo (primera construcción que se realizó por encima de la silla de Felipe II, se usó para vigilancia forestal) y a la silla nuevamente.

Seguimos por el camino hasta llegar a la puerta de una finca.

5.895 / 11.485
Cancela de acceso a finca (tenemos derecho de paso) llamada de los Ermitaños de Arriba, la pasamos dejándola exactamente igual que como nos la encontramos.

Ahora el carril tiene tramos de arena, piedra, ...

6.135 / 11.245
Casa de los Ermitaños de Arriba, continuamos de frente.

7.130 / 10.250
Nueva puerta de acceso a la finca, salimos de la misma y continuamos de frente, teniendo siempre a nuestra derecha las Machotas. Recordar dejar las puertas cerradas.

7.275 / 10.105
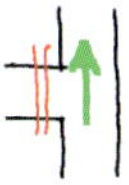
Camino a nuestra izquierda que no usamos.

8.275 / 9.105
A nuestra derecha la finca Romajo.

8.395 / 8.985
Por nuestra derecha aparece un camino, seguimos de frente, atentos porque en pocos metros tendremos a nuestra izquierda la calzada romana.

8.435 / 8.945
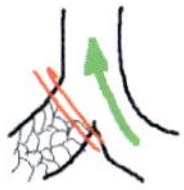
Calzada romana. Para aquellos que

quieran regresar a El Escorial pueden coger ya la vía histórica descrita desde el P.K. 10.265. Más adelante tendremos a nuestra derecha una finca denominada Ciendomingos.

9.200 / 8.180
Carretera M-533, seguimos pegados a ella por un pequeño camino para adentrarnos en Zarzalejo-la Estación.

9.380 / 8.000
Zarzalejo.

9.555 / 7.825
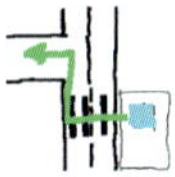
Fuente y parque infantil. Cruzando el paso de cebra, a unos 25 metros vemos el cartel indicador Estación FC. cogemos esa calle, con firme de tierra, que nos desemboca en la estación de tren.

9.730 / 7.650
Estación de Zarzalejo. Para los que quieran terminar puede coger el tren de regreso al Escorial o a Madrid.
Damos la vuelta por el mismo camino hasta el cruce de

la pista que trajimos con la carretera M-533 en el punto 9.200.

10.020 / 7.360

Pista a la izquierda, si la usáramos saldríamos directamente a la calzada romana, pero utilizaremos el camino de venida.

10.265 / 7.115

Cogemos la pista que trajimos hasta el punto 8.435 para esta vez coger la calzada romana.

Esta es complicada en algunos tramos y tendremos que echar pie a tierra en alguna ocasión.

Surgirán pequeños accesos a fincas pero hemos de seguir en línea recta sin desviarnos, también estaremos flanqueados por tapias de piedra.

13.440 / 3.940

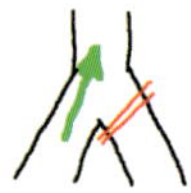

Fin del tramo de calzada ahora llegamos al acceso a la finca el Chicharrón (cuenta con un paso canadiense)

Disponemos de un trozo de pista asfaltado en bajada.

Delante tenemos la vía férrea que se dirige de El Escorial a Ávila, la cual seguiremos hasta cruzarla por un puente más adelante.

Las vistas son impresionantes empezando desde el suroeste y siguiendo las agujas del reloj tenemos las Machotas (baja y alta), Risco del Fraile (cuenta la leyenda que un fraile eremita se transformó en piedra al sucumbir a la tentación del diablo representado en forma de mujer), si nos fijamos veremos la construcción que esta encima de la Silla de Felipe II, Barranco de la Cabeza, Puerto de Malagón, Monasterio de El Escorial debajo de la solana de Enmedio (vemos la caseta de vigilancia-refugio), el Pico Abantos (prácticamente al norte exacto de nuestra posición), la Peñota, el puerto de la Fuenfría, Sie-

te Picos, puerto de Navacerrada, Bola del Mundo, Maliciosa, la peña del Yelmo y para terminar viendo la sierra de Hoyo de Manzanares.

13.645 / 3.735
Fin del asfalto.

13.910 / 3.470

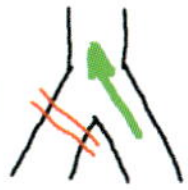

Cruce, el ramal que se dirige hacia atrás a la izquierda nos llevaría a la finca La Querencia. Hemos venido por el acceso a la finca el Chicharrón.

14.120 / 3.260
Acceso a finca a nuestra izquierda.

14.470 / 2.910
Puente sobre las vías del tren, al cruzarlo cogeremos el camino de la izquierda. Hemos de seguir este camino sin coger ninguno de los innumerables que nos saldrán a un lado y a otro, siempre manteniendo el camino principal llegaremos hasta unas construcciones a ambos lados.

15.810 / 1.570
Construcciones.

15.980 / 1.400
Puente romano reconstruido en los años 80.

16.010 / 1.370
Cruce con la M-505.

16.090 / 1.290
Cogeremos la primera calle a la derecha, y la seguiremos hasta llegar a una calle más ancha.

16.300 / 1.080
Cogemos esta calle hacia la izquierda y la seguiremos hasta arriba donde veremos un túnel para vehículos que pasa la vía férrea, a su derecha hay un paso peatonal.

16.910 / 0.470
Paso inferior, tras él llegaremos al semáforo (17.170 m. de nuestra ruta) de acceso a la casita del Príncipe y girando a la derecha la bajada a la estación de El Escorial.

17.380 / 0.000
Estación y fin de ruta.

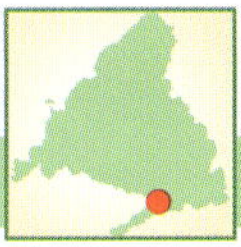

9.- JARDINES DE ARANJUEZ

Su origen data de 1387 en una residencia de recreo de la Orden de Santiago, posteriormente pasó a formar parte del Patrimonio de los Reyes Católicos en 1487. Heredado por Carlos V, lo destinó a una de sus aficiones, la caza, para ello creó un gran bosque.

El palacio real de Aranjuez fue mandado construir por Felipe II en 1561 a Juan Bautista de Toledo, labor continuada por Juan de Herrera.

Felipe V construye el actual Palacio, Carlos III amplia las construcciones, Carlos IV erigió la Casa del Labrador, la Casa de los Infantes,...

La transformación de estas tierras desde tiempos de Carlos I (S. XVI) se nota en el entorno de nuestra ruta, tanto en el paisaje y arquitectura como en el trazado del núcleo urbano.

Palacio Real de Aranjuez. Canal del Tajo y Jardín de la Isla

Ficha de Ruta

Situación: En el término municipal de Aranjuez en la zona sur de Madrid.

Acceso: En tren desde Atocha usando la C-3. En vehículo propio por la A-4 hasta coger el desvío de la antigua nacional IV para una vez entrado en el casco urbano, tras cruzar el Puente de Barcas y pasar la Plaza de Santiago Rusiñol giramos a derechas para rodear por la derecha la Plaza de San Antonio y tras pasar la Casa de Oficios, (antes de pasar bajo el arco que hay de frente), girar a la derecha para coger la calle de San Antonio y al finalizar ésta, coger la carretera de Toledo y girar a la derecha siguiendo la calle de la Estación hasta llegar a ella.

Longitud: 12.875 metros la ruta completa. Admite atajos, también ampliaciones.

Otros usuarios: Senderistas.

Desnivel: Prácticamente nulo.

Tipo de firme: Tramo urbano, pistas asfaltadas, pistas con tierra suelta y piedra.

Dificultad: Nula.

Cartografía: 605 IV o 605 C.N.I.G. y 605 C.G.E.

Observaciones: Se puede unir con la ruta de la Reserva Natural El Regajal–Mar de Ontígola. Primavera y otoño son las épocas más recomendadas para realizar la ruta, sin descartar invierno, aunque si los días extremadamente calurosos del verano.

Medio natural a destacar: El entorno del río Tajo (humedales, páramos, sotos y los cortados yesíferos) engloban una gran variedad de ambientes y una gran biodiversidad. Los Paseos Históricos (Aranjuez fue declarado Paisaje Cultural Patrimonio Mundial por la UNESCO en el 2001 por la ejemplar interacción entre el hombre y el medio natural). La Reserva Natural El Regajal - Mar de Ontígola (descrito en la ruta 22). Parque Regional de los cursos bajos de los ríos Manzanares y Jarama. También hay dos ZEPA (Zona de Especial Protección para las Aves).

Patrimonio cultural a destacar: Palacio Real: empezado a construir en 1564 comenzando por la capilla y acabado completamente (debido a sus modificaciones y ampliaciones) en 1850 con el gabinete árabe (inspirado en la Sala de las Dos Hermanas de la Alhambra). Jardín de la Isla (en 1568 se mandó construir la laguna de Ontígola y varios canales para su riego). Jardín del Príncipe.

Casa del Labrador: Carlos IV y su esposa María Luisa la mandaron construir como lugar de reposo y recreo para el príncipe Fernando VII. Se construyó entre 1791 y 1803.

Museo de Falúas: Fue en la época de Felipe V cuando sus gustos por navegar por el río hicieron construir casas, almacenes... para sus cinco falúas y cerca de 100 marinos

Información adicional:

Ayuntamiento de Aranjuez	918 090 360	www.aranjuez.es
Centro de interpretación de la ciudad	918 910 427	www.aranjuez.net
Palacio Real	918 910 740	
SEO - Birdlife	914 340 910	www.seo.org
RENFE	902 240 202	
Consorcio Regional de Transportes	915 804 260	www.ctm-madrid.es

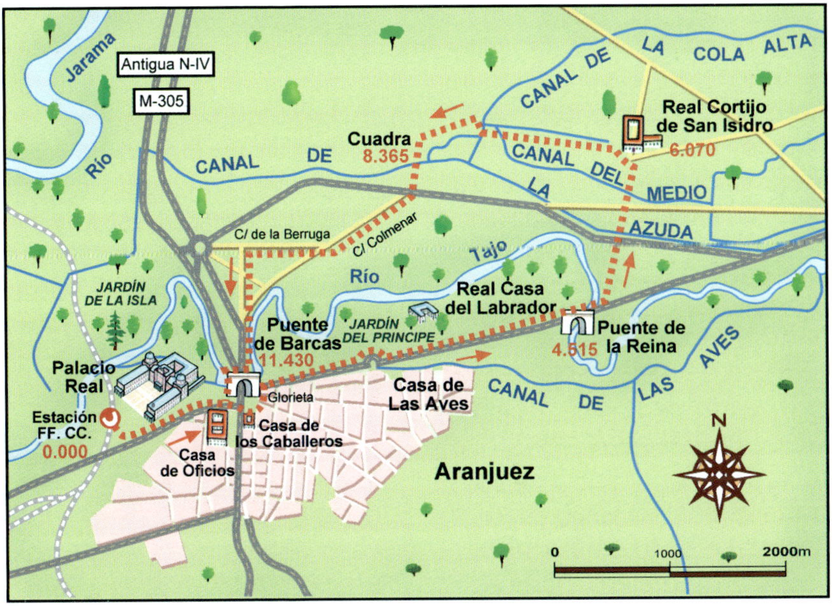

0.000 / 12.875

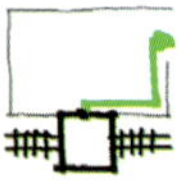

Salimos de la estación y con precaución cruzamos el aparcamiento para dirigirnos a la salida por la calle que vemos al fondo a la derecha.

0.240 / 12.635

Precaución, hemos de cruzar y coger el carril que hay al otro lado hacia la izquierda. La carretera que cruzamos se dirige a Toledo. Este carril asfaltado nos llevará hacia el Palacio Real.

0.445 / 12.430

Cruzamos la calle de Jacinto Guerrero.

0.745 / 12.130

Cruce con la calle de San Antonio, seguimos de frente por la avenida de Palacio. Tendremos ahora a nuestra derecha el Palacete de Silvela.

0.880 / 11.995

Caseta de información, junto a ésta sale un trenecito turístico que recorre la localidad, parte de la calle del Palacio de Silvela. Enfrente tenemos la majestuosa entrada al Palacio Real, pero el acceso se encuentra a su derecha en la galería porticada por la cual pasaremos a continuación.

1.040 / 11.835

Entrada al Palacio Real de Aranjuez.

1.130 / 11.745

Pasamos bajo los arcos, a nuestra izquierda está el acceso al Jardín de la Isla y del Parterre, el cual nos está vedado a los ciclistas.

Estos jardines del S. XVI al XVIII poseen conceptos de jardinería tan variados como italianos, flamencos y musulmanes, aunque el Parterre es de estilo francés. A la derecha tendremos ahora la Casa de Oficios y la Casa de los Caballeros.

1.290 / 11.585

Fuente de la Mariblanca y Plaza de San Antonio. En verano hay un puesto de información cerca de donde nos encontramos. Al fondo vemos la Iglesia de San Antonio empezada a construir en 1750 y acabada en 1753.

1.335 / 11.540

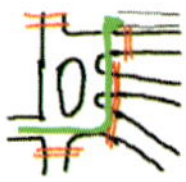

A nuestra izquierda tenemos otro acceso al Jardín del Parterre y un poco más allá el puente de Barcas sobre el río Tajo (lo utilizaremos al regreso), pero hemos de seguir en línea recta justo para coger al otro lado del famoso restaurante "Rana Verde", la calle de la Reina, que discurre paralela al Jardín del Príncipe (y su valla que impide nuestro acceso). Para poder llegar al paseo hemos de cruzar por esta "glorieta" o plaza de Santiago Rusiñol a través de varios pasos de cebra, éste es el primero.

1.405 / 11.470
Nuevo paso de cebra. Estamos cruzando la calle de las Infantas.

1.445 / 11.430
Tercer paso de cebra sobre la calle del Príncipe.

1.485 / 11.390
Cuarto y último paso de cebra, ya hemos llegado a la calle de la Reina, ahora nos hemos de pegar a la valla y seguir la pista. Durante este tramo árboles centenarios flanquearan la ruta dándonos sombra durante el verano. Veremos tilos, plátanos... regados por un antiguo sistema de acequias.

Ciclando por la calle de la Berruga

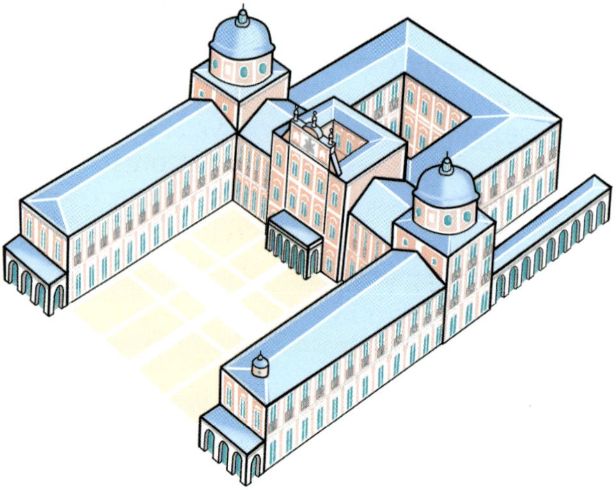

1.640 / 11.235
Puerta de acceso a los Jardines del Príncipe. No admiten el acceso a bicicletas.
Al otro lado se acerca a nosotros el Canal de las Aves.

2.385 / 10.490
Nueva puerta que se encuentra cerrada, si miramos a través de ella vemos una de sus fuente, la fuente de Apolo.

2.645 / 10.230
Glorieta y nuevo acceso.

3.200 / 9.675
Puerta de acceso, desde ésta vemos la Real Casa del Labrador. Por el este se nos acerca el Canal de las Aves.

3.495 / 9.380
Cruce. Si usáramos el ramal de la derecha iríamos junto al Canal de las Aves al Soto de la Pavera y a la Casa de la Monta, lugar donde se guardaba la yeguada Real en el S. XVIII.
El Canal de las Aves forma parte de la gran transformación que Carlos I (S. XVI) realizó del entorno de Aranjuez, construyó la presa del Embocador (aguas arriba) y dos canales para el abastecimiento de agua en la margen derecha, el Canal de la Azuda (7 kms. aproximadamente) y el Canal de las Aves (15 kms. aproximadamente).

4.515 / 8.360

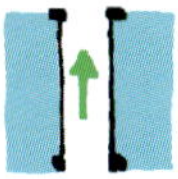

Fin del paseo bajo los plátanos y llegada al Puente de la Reina sobre el río Tajo. Mandado construir por Carlos III en el S. XVIII para poder acceder al Cortijo de San Isidro (el puente anterior era de madera) y así llegar a los bosques de Sotomayor para cazar.
Es un punto muy peligroso, debido a la falta de lugar adecuado para pasar y hemos de hacerlo junto a los coches.

4.700 / 8.175

A nuestra derecha tenemos el campo de golf de Aranjuez, enfrente una gasolinera y a nuestra izquierda vemos el llamado paseo de San Isidro, ya que nos conduce al Cortijo del mismo nombre. Hemos de coger la pista entre árboles (tilos) que transcurre paralela a la carretera del Cortijo de San Isidro.

5.260 / 7.615

Pista a nuestra izquierda y junto a nosotros un panel informativo de posibles rutas tanto a pie como en bicicleta. Tras el cartel área de picnic donde descansar.
Seguimos dirección al Cortijo de San Isidro.

5.340 / 7.535

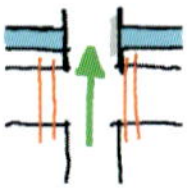

Cruce con la calle Confesores, continuamos de frente. Tras este cruce pasamos sobre el canal de la Azuda.

5.760 / 7.115

Pasamos sobre el Canal del Medio.

6.070 / 6.805

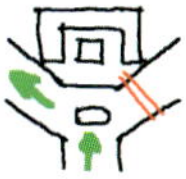

Cortijo de San Isidro. Conjunto neoclásico del siglo XVIII. Este fue parte del colosal proyecto de Carlos III como parte de las ideas ilustradas de racionalizar el trabajo agrícola, y cuyo objetivo general era el aprovechamiento máximo de las tierras para hacer más rentable la producción para lo cual se aprovechó los conocimientos agrícolas no sólo de la gente de la comarca, sino que, también se trajeron agricultores de otras provincias.
Contaba con viñas, lagar, viveros, almazara, residencia Real, viviendas y oficinas.
Tras visitar la iglesia neoclásica y las construcciones de la

época, giramos a la izquierda por una calle entre chalés y el frontón.

Llegamos a un paseo rodeados de moreras (vestigios de la antigua explotación de gusanos de seda).

7.400 / 5.475

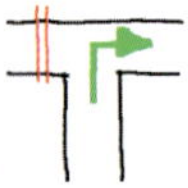

Giramos a la derecha por una pista de tierra dejando la entrada de la cuadra a nuestra derecha. Seguimos los indicativos Cuadra Bellavista.

A la izquierda vemos el Canal del Medio.

Seguiremos el caz de la Cola Alta creado por Carlos III (en el S. XVIII) en el límite con los cerros de secano para regar los alrededores del Real Cortijo de San Isidro.

7.570 / 5.305

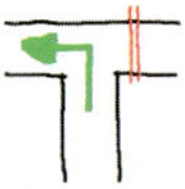

Cruzamos el canal de la Cola Alta y giramos a la izquierda para llegar a la Cuadra Bellavista.

Hay un cartel hacia la izquierda indicándonos su situación, a la derecha iríamos hacia unos campos de vuelo.

7.780 / 5.095

Salen una serie de ramales (dos) a nuestra derecha,

hemos de seguir siempre el camino de la izquierda hasta llegar a la cuadra delimitada con dos grandes tinajas en la entrada. Continuamos de frente.

8.000 / 4.875

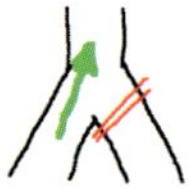

Estamos en un tramo de la cañada.

A la izquierda hay construcciones agropecuarias.

8.120 / 4.755

Vemos señales de la via pecuaria, a nuestra derecha vemos una explotación ganadera. Hemos de girar hacia la izquierda.

8.365 / 4.510

Hito geografico UTM. X-449996.211 / Y-4434111.609 / Z-492.801

8.375 / 4.500

Pasamos sobre el canal de la Azuda. Continuamos de frente hasta llegar a unas naves a nuestra izquierda y un vivero, tras ello llegaremos a un cruce.

8.600 / 4.275

Cruce. Cogemos la calle Colmenar, pasaremos por una zona a nuestra izquierda de huerta y maizal, hemos de tener mucha precaución puesto que es una vía de tráfico compartido. Proseguimos bajo las alineaciones de plátanos.

9.450 / 3.425

Cogemos a la derecha la calle de la Berruga destinada para ciclistas y peatones, aunque tienen derecho de paso los vehículos agrícolas. En la intersección de la calle Colmenar y de la Berruga hay un pequeño merendero llamado el Revuelo.

10.200 / 2.675

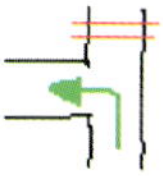

Hasta este punto hemos podido ver en este tramo de carril bici numerosos paneles informativos sobre fauna, flora, caza, huerta, historia...
Si nos fijamos habremos visto en un chopo el curioso casco de caballo (*fomes fomentarius*, hongo yesquero), es un hongo parasitario que ataca a algunos árboles siendo especialmente virulento con las hayas con las que acaba en varios años.
Cogemos la pista de la izquierda, ya que de frente llegaríamos a las doce calles, lugar de acceso de los vehículos que acceden desde Madrid. Rodaremos bajo un bonito paseo flanqueado por plátanos, llamado calle Praderas.

10.440 / 2.435

Cruce con la calle del Embarque, a nuestra derecha tenemos la carretera de acceso desde Madrid (antigua N-IV).

10.890 / 1.985

Llegamos por la calle Praderas, por la derecha nos aparece la calle Chillones (actualmente es el acceso de Madrid) y por la izquierda tenemos la calle Colmenar (uno de cuyos tramos hemos utilizado anteriormente).
Cruzamos con mucha precaución. A nuestra izquierda tenemos el río.

11.320 / 1.555

Pasos de cebra (dos) que hemos de utilizar para acceder al otro lado de esta Glo-

rieta de Fernando VI (con una fuente y un monumento en su interior) y poder llegar al puente del río Tajo.
Este es el punto de confluencia de las carreteras de entrada y salida de Aranjuez hacia Madrid.
El monumento a Fernando VI que a partir de 1750 crea un plan para la formación urbana y fue encargado al arquitecto D. Santiago Bonavía.

11.430 / 1.445
Puente sobre el río Tajo denominado Puente de Barcas.

11.490 / 1.385
Puerta de acceso a los jardines del Palacio y desde aquí podemos ver la Fuente de Anteo y Hércules.

11.550 / 1.325
Giramos a la derecha para rodear los jardines del Palacio y ver su Parterre.
Continuamos de frente siguiendo la ruta que trajimos hasta este punto y llegar de retorno al tren que nos trajo hasta este Real Sitio, Paisaje Cultural Patrimonio de la Humanidad que es Aranjuez.

12.875 / 0.000
Estación de tren de Aranjuez. Construida en estilo neomudejar y cuyo interior decorado nos remonta al siglo XIX.
Aquí llegó el primer tren madrileño que surcó sus vías el 9 de febrero de 1851, bajo el reinado de Isabel II.
Este tren realizó los casi 50 kilómetros de distancia en una hora y cuarto, a diferencia de las altas velocidades de los actuales.
Actualmente y desde Abril a Octubre el denominado Tren de la Fresa realiza este recorrido con una locomotora de vapor fabricada en España a mediados del siglo XX (auténtica pieza de museo), un furgón de correos y cuatro coches fabricados ente 1914 y 1930. También ayuda a recrear el ambiente de aquella página de la historia el hecho de que durante el viaje nos acompañen personajes ataviados con trajes de la época.

10.- LA CABRERA

Sierra mítica y llamativa donde las haya, lugar de una belleza vespertina única, cuyos colores hacen resaltar más aún si cabe el nombre de su pico más conocido "Pico de la Miel".

Enclave de gran importancia por su ubicación geográfica a lo largo de los siglos como lo atestigua los asentamientos situados a sus pies, el transito por el puerto de Medio Celemín por los ganados usando la cañada que lo atraviesa. Refugio de águilas y buitres así como de otras aves y animales. Ya en el libro de la montería de Alfonso XI se describía su variedad faunística.

Rodearemos toda la sierra de la Cabrera, en algunos momentos la ruta puede parecer exigente, pero nos recompensará con creces y será una ruta que nunca olvidaremos.

Otoño en La Cabrera

Ficha de Ruta

Situación: Partiremos de La Cabrera, entraremos en Valdemanco y pasaremos por Lozoyuela en la sierra norte de Madrid.

Acceso: En vehículo propio por la A-1 hasta La Cabrera, tras coger el desvío del Km. 57, entraremos por la antigua N-I (hoy Avda. del Generalísimo), y tras pasar la gasolinera tenemos una rotonda (y una fabrica embotelladora de agua), la tomaremos girando hacia la izquierda y nos dirigiremos siguiendo las indicaciones hasta el Convento de San Antonio, lugar donde estacionaremos.

Longitud: 19.800 metros la ruta completa. Admite variaciones que se describen.

Otros usuarios: Senderistas, jinetes.

Desnivel: 300 metros, la cota máxima 1.320 en el Puerto del Medio Celemín.

Tipo de firme: Tramo de carretera, pista asfaltada, pistas de tierra, cañada y senda en malas condiciones para ser ciclable en las que habrá que echar pie a tierra.

Dificultad: Ruta larga y teniendo en cuenta el tipo de firme hacen que sea una ruta sólo apta para los más mayores.

Cartografía: 484 IV y 484 C.N.I.G / 484 C.G.E. / S. Norte T.V.

Observaciones: Ruta con un tramo técnico (en descenso) en que convendrá bajarse y la subida al puerto del Medio Celemín que harán de esta ruta una grata aventura.

Medio natural a destacar: La sierra de la Cabrera de carácter granítico, dispone de una biodiversidad importante, empezando por las aves: dominan los buitres leonados, cernícalos, halcón peregrino, búho real, mochuelos, cucos, petirrojos, rabilargos, carboneros,... Mamíferos: jabalíes, corzos, liebres, conejos, zorros... o anfibios como la ranita de S. Antonio. La vegetación es muy variada desde rebollos, encinas, pinos, fresnos, enebros, jaras,... y también podremos ver en la dehesa de Roblellano (al suroeste del convento) arces, madroños,... También disfrutaremos de cantueso, tomillo, romero, brezo,.

Patrimonio cultural a destacar: La Cabrera: El convento fundado en el S. XI por la orden Benedictina dedicado a la advocación de San Julián y desde 1400, Franciscano dedicado a San Antonio, tras muchos avatares durante su historia, incluido su casi destrucción,...
Castro Arévaco: castro visigodo del S. V.
Tumbas antropomorfas llamadas Tumba del Moro junto a la carretera M-610.

Valdemanco: La iglesia de Ntra. Sra. del Carmen, también dedicada a San Roque está construida sobre una antigua ermita que en el S. XVIII estaba consagrada a San Roque.
El potro de herrar, testigo mudo de la historia de un pueblo y de su ganadería.

Información adicional:

Ayuntamiento de La Cabrera	918 688 057	
Ayuntamiento de Valdemanco	918 481 174	
Centro de turismo "Villa de San Roque"	918 886 698	
Consorcio Regional de Transportes	915 804 260	www.ctm-madrid.es
Centro de Innovación Turística Sierra Norte	918 688 698	www.sierranortemadrid.org
Vías pecuarias		www.madrid.org/ceconomia

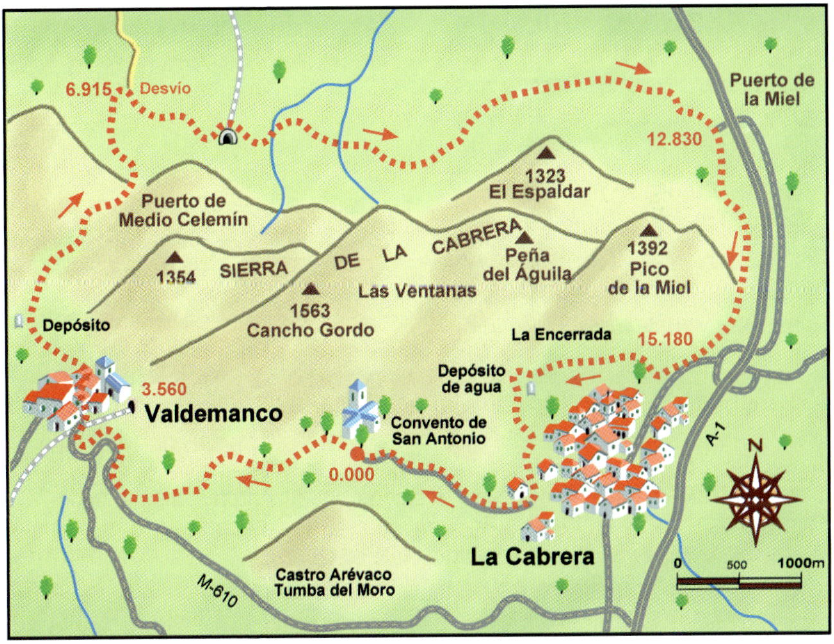

0.000 / 19.800
Situados en la puerta del convento de San Antonio, iniciamos nuestra ruta.
Hemos de dirigirnos hacia la salida y en la curva de la pista hormigonada hacia la izquierda (la primera curva), tenemos que seguir de frente por un camino. En las partes bajas de la Cabrera tenemos zona de rebollar y en las inmediaciones del convento pinar.

0.080 / 19.720
El camino que en un primer término parece complicado, en algunos momentos no presentará mayores dificultades que lo estrecho de su trazo, aunque en otros nos hará bajarnos de la bicicleta. Circulamos sobre el camino del Reconquillo.
No hemos de tener mayor preocupación que el nivel técnico ya que hemos de seguir las marcas del G.R. 10 hasta llegar al collado.

0.645 / 19.155
Estamos sobre una enorme losa de piedra, es el collado de la Cabeza. Ahora empezaremos a bajar, pero hemos de tener mucho cuidado ya que

es un tramo muy trialero y será más conveniente en algunos puntos bajarnos antes que caernos.
A nuestra izquierda (al sur) tenemos La Cabeza y en ella uno de los restos más interesantes de la Comunidad de Madrid, el Castro Arévaco. Este castro visigodo de mediados a finales del S. V denota la importancia de este lugar desde muy antiguo.
A nuestra derecha tenemos el Cancho Gordo de 1.563 metros de altura.
Delante nuestro las vistas son inmejorables, tenemos la localidad de Valdemanco, y a su espalda el Mondalindo que con 1.833 metros es el más alto de esta zona. A la derecha de la localidad de Valdemanco podemos apreciar el collado del Medio Celemín, punto por el cual pasaremos en esta ruta. A la izquierda de Valdemanco tenemos Bustarviejo, otra localidad serrana de gran interés. Si nos fijamos al mirar hacia el

suroeste (de frente a la izquierda desde nuestra posición) tenemos el pico Pendón (1.545 m.) que ya veremos en la ruta 30: Vuelta a Cabeza Arcón (Bustarviejo).

1.095 / 18.705
A nuestra izquierda tenemos una finca vallada.

1.200 / 18.600
Curva fuerte a la izquierda, hemos de tener mucha precaución debido a que esta muy erosionado el camino en su parte central al haber sido "utilizado" como desagüe por el agua de la lluvia. En esta curva dejamos las marcas del G.R. las cuales vemos de frente pintadas en una gran piedra, pero nosotros hemos de girar hacia la izquierda y bajar para dirigirnos hacia Valdemanco.

1.425 / 18.375

El ramal izquierdo nos acerca a la puerta de una finca y el derecho es el que hemos de continuar.
Desde este punto el camino mejora, ya que se puede ac-

Otoño en el Lozoya

ceder en vehículo hasta la finca y pasa a ser pista.

1.625 / 18.175
Estamos circulando por la calle las Chorreras y nos encontramos junto a una finca a la altura del número 27.

1.750 / 18.050
Continuamos de frente entre fincas.

2.255 / 17.545
A nuestra derecha placa indicándonos que estamos en la calle Reconquillo.

2.275 / 17.525
Cruce con la carretera M-610, no tenemos más remedio que cogerla hacia la derecha y seguirla hasta Valdemanco. La falta de alternativas nos obliga a ello. Mucha precaución.

2.805 / 16.995
A la izquierda sale la carretera M-633 que se dirige a Cabanillas de la Sierra.

3.125 / 16.675
Llegamos a la entrada de Valdemanco. Seguimos por la carretera.

3.275 / 16.525
Cruzamos sobre la vía férrea.

Al llegar a la pequeña plaza, decorada con un monolito, hemos de subir por la calle de la derecha para llegar al Ayuntamiento.
Según cuenta la historia, en 1508 había un vecino llamado Juan Valdés, de Bustarviejo, que era manco. Al no poder desenvolver bien el trabajo en el campo decidió fundar una posada en el Vallejuelo que era tránsito de paso entre Buitrago y Madrid. Con el paso del tiempo

sus descendientes crearon un conjunto de casas y decidieron poner el nombre de Valdemanco. En 1.842 se independizo de Bustarviejo, pasando a ser un núcleo de población independiente.

3.560 / 16.240
Plaza del Ayuntamiento, hemos de coger la calle ascendente que hay al lado derecho de la fachada según miramos a ella. Es una calle en ascenso, hemos de continuar siempre la calle principal.

3.800 / 16.000

Al llegar a este punto hemos de girar a la izquierda, junto a nosotros hay unos contenedores de reciclaje de vidrio y papel.

3.990 / 15.810
Puente sobre el arroyo de Albalá.
Este arroyo descrito ya en el Libro de la Montería de Alfonso XI escrito en el S. XIV, describía que en esta zona se habían realizado monterías de oso y sobre todo de jabalíes, aunque en aquella época se llamaba arroyo Albalate (árabe Al-Balat, significa camino). Este arroyo baja recto desde el puerto del Medio Celemín. En la época medieval quizás fue muy frecuentado para pasar la sierra de la Cabrera.

4.060 /15.740

Tenemos delante nuestro un parque infantil, hemos de continuar por la pista de la derecha para seguir ascendiendo hasta el puerto.

4.245 / 15.555
A nuestra izquierda tenemos un depósito de agua.

4.660 / 15.140
Enlazamos con la Cañada Real Segoviana, lo que denota la importancia del paso al que estamos ascendiendo.

5.180 / 14.620
Si nos fijamos tenemos a la izquierda de la cañada una fuente, podemos coger este camino o seguir por la cañada y luego desviarnos para llegar a ella y hacer un merecido descanso.

5.230 / 14.570
Fuente - abrevadero, hemos de continuar ascendiendo hacia el puerto por la pista que llevamos.

5.600 / 14.200
A nuestra izquierda tenemos una pequeña construcción.
Las retamas nos acompañan en este tramo de llegada al cercano punto culminante de nuestra ruta.
Los pinos a nuestra izquierda también serán compañeros de ruta, vemos en las partes más bajas los robledales, y si realizamos la ruta en otoño (antes de las lluvias) apreciaremos la belleza cromática de esta zona.

5.775 / 14.025
Puerto del Medio Celemín, que con sus 1.318 metros es el punto álgido de esta ruta.
A partir de ahora casi todo el recorrido será en bajada o llaneo, exceptuando el tramo final de llegada al convento de San Antonio que habremos de terminar la ruta en ascenso.

5.880 / 13.920
Carril a nuestra derecha que no tomamos, hemos de seguir en descenso durante aproximadamente un kilómetro, sin coger ningún desvío.

6.160 / 13.640
Pista a nuestra derecha a la cual no prestamos atención.

6.915 / 12.885
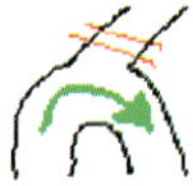
Desvío muy importante, hemos de coger el ramal hacia la derecha, ya que si continuáramos nos iríamos a Lozoyuela.

7.090 / 12.710
Cadena para evitar el paso de vehículos motorizados. Proseguimos nuestro rodar por el Espaldar (vertiente norte de la sierra de la Cabrera), por una pista cómoda mayoritariamente en descenso por un espléndido pinar.

8.015 / 11.785
Acabamos de pasar sobre la entrada norte del túnel del ferrocarril, al lado podemos observar restos de construcciones.

A partir de ahora hemos de seguir la pista principal, su trazo es casi horizontal aunque predomina el descenso.

8.770 / 11.030
Sale una pista a nuestra derecha que no hemos de utilizar.

11.225 / 8.575
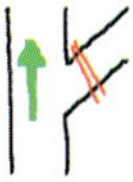
Pista a nuestra derecha, en ascenso, que no usaremos. De frente tenemos una zona de roquedo como referencia. Vemos marcadas las flechas rojas que tenemos que seguir.

12.070 / 7.730
Cadena para preservar la zona del paso de vehículos a motor.

12.230 / 7.570
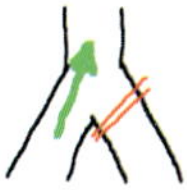
Pista a nuestra derecha para acceder al depósito de Cabeza Mala. Este se utiliza para el abastecimiento de localidades de la sierra norte de Madrid. Continuamos nuestra ruta sin subir al depósito.

12.610 / 7.190
Encrucijada, hemos de seguir de frente.

El pico de la Miel

12.830 / 6.970

Hemos de tomar el ramal hacia la derecha en ascenso, para volver a La Cabrera, es también utilizado como cortafuegos y para el paso de una conducción del Canal de Isabel II. Es un corto repecho para a continuación, tras una bajada, y, una posterior subida, alcanzar una pista asfaltada que nos devolverá a la antigua N-I.

Otra posibilidad es seguir de frente 50 metros, cruzar un paso canadiense y el puente sobre la autovía para girar a la derecha circulando por la vía de servicio que también nos lleva a La Cabrera.

12.920 / 6.880

Valla rota, convendría que estuviera arreglada y cerrada. Nosotros continuamos este ascenso. A la derecha tenemos el pinar situado sobre el Espaldar. A la izquierda tenemos las Cabreras.

13.175 / 6.625

Después de esta dura subida, llegamos a unos registros del Canal de Isabel II, empezamos un poco de llaneo para llegar a La Cabrera.

13.450 / 6.350

A nuestro lado tenemos las ruinas de una edificación.

13.530 / 6.270

A nuestra derecha tenemos el Pico de la Miel, y estamos situados junto a un registro del Canal de Isabel II.

14.370 / 5.430

Llegamos a las afueras de la Cabrera, ahora ya por asfalto, hemos de continuar nuestro rodar en descenso hacia el pueblo. Primeras casas de la localidad, si nos fijamos tenemos a la izquierda de la casa pintada la marca de P.R. (pintura blanca y amarilla).

14.910 / 4.890

Glorieta de acceso a la localidad por el norte y unión de la A-1 con la antigua N-I. Ahora hemos de tener mucha precaución debido al tráfico que soporta este tramo de nuestra ruta.

15.180 / 4.620

A nuestra derecha sale una calle, delante a la derecha un colegio y a nuestra izquierda, al otro lado de la carretera tenemos el Centro Comarcal Cardenal

Gonzaga, gabinete artístico de La Cabrera.

Ahora tenemos dos posibilidades, para los que deseen dar la vuelta más integra a la sierra de la Cabrera, han de seguir el rutómetro, para ello cogemos la calle de la derecha.

Para aquellos que se encuentren más cansados o deseen visitar la Cabrera, pueden continuar de frente por la calle que llevamos y al final de ella subir por el mismo camino que utilizamos con el coche para llegar hasta el Convento de San Antonio, no sin antes visitar el Centro de turismo "Villa de San Roque" situado a la izquierda según bajamos.

Si lo hiciéramos la distancia desde aquí al fin de nuestra ruta será de 4.015 metros.

15.350 / 4.450
Tras haber cogido el desvío previo, pasamos de la primera calle que hay a la derecha para en este punto (segunda calle), coger la calle de la Encerrada, en principio esta calle está asfaltada para posteriormente convertirse en pista.
Siempre hemos de seguir este rumbo teniendo a nuestra derecha la sierra, pasando entre las fincas que hay tras finalizar el asfalto.

16.380 / 3.420

En este cruce tenemos a la derecha la finca Aguas Vivas, a nuestra izquierda una finca llamada Villa Gareno, nosotros hemos de continuar por la pista de la izquierda, en esta zona el camino es de tierra suelta lo que hará más costoso el ciclar.

16.510 / 3.290
Gran roquedo y excelente mirador, hemos de coger el camino que se encuentra entre dos grandes piedras a la derecha.

16.550 / 3.250
Seguimos por el camino de la izquierda en descenso, el derecho en ascenso no nos sirve. Vemos el bolo granítico del mirador anterior a nuestra izquierda.

16.680 / 3.120
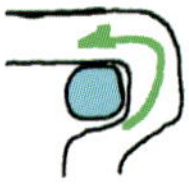
Pasamos junto a un deposito de agua, ahora bajamos con rumbo sur.

16.910 / 2.890
La tapia tiene un pequeño paso y tras cruzarla nos dirigimos hacia las casas que tenemos delante.

17.020 / 2.780
Sale una pista a nuestra derecha, a la que ignoramos, seguimos bajando.

17.300 / 2.500

Cogemos en la bifurcación el ramal derecho, por la calle del Recuenco, de frente vemos una subestación eléctrica. Como referencia la tapia de la casa

que tenemos delante está pintada la parte de abajo de color azul.

Ahora hemos de estar atentos ya que tendremos que callejear.

17.395 / 2.405

Giramos en esta primera calle a la derecha.

17.485 / 2.315

Ahora torcemos a la izquierda por la primera calle que topamos. Hemos de continuar por esta calle ignorando las calles que nos salgan a ambos lados.

Si continuáramos de frente, cosa que también se puede realizar aunque el camino es para viandantes debido a la arena y a la estrechez del mismo, accederíamos a una pista (a los 780 metros) y al girar a la izquierda por ésta saldríamos a la pista hormigonada de acceso al convento a la altura del Vía Crucis VII (210 metros desde el cruce de la pista). Desde este punto en el cual hay una zona de descanso apenas quedan 980 metros hasta el convento, lo cual haría que la ruta tuviera 19.455 metros.

17.925 / 1.875

Llegamos a un cruce con la carretera que posteriormente será la pista asfaltada de acceso al convento y fin de ruta.

Desde este punto es una ruta en ascenso.

18.835 / 0.965

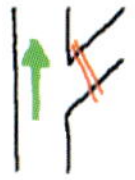

Situados en el Vía Crucis VII y su zona de descanso tenemos a la derecha la pista a la que se hacia referencia en párrafos anteriores.

Desde este punto sale utilizando la pista de la derecha un camino al collado del Alfrecho.

19.800 / 0.000

Convento de San Antonio y fin de nuestra ruta.

Puede que haya sido una ruta muy dura pero nos recompensará el recuerdo de la empresa lograda.

R-11

11.- LAGUNA DE SAN JUAN. Chinchón

El Refugio de Fauna de la Laguna de San Juan es un humedal protegido desde 1991. De su superficie de 47 has. sólo 4 has. corresponden a la laguna, el resto corresponde a la zona circundante caracterizada por la vegetación palustre que sirve de refugio para la avifauna.

El Tajuña, río al que acompañaremos y conoceremos a lo largo de otras rutas de este libro, nos muestra en ésta una riqueza ornitológica digna de admirar con calma y con un tranquilo ciclar que hará las delicias de los más pequeños y mayores.

El Tajuña nace al este de sierra Ministra en Guadalajara y cerca del final de esta ruta cede sus aguas al Jarama, al suroeste de Titulcia.

Podremos enseñar nuestra historia en un marco en el que se desenvolvió una de las más importantes batallas de la guerra civil, como demuestra el bunker que veremos.

Laguna de San Juan

Ficha de Ruta

Situación: En la vega del Tajuña pasamos por los municipios de Chinchón y Titulcia al sureste de Madrid

Acceso: En vehículo propio por la A-4 hasta coger la M-404 que pasa por Ciempozuelos, Titulcia y se dirige a Chinchón, tras cruzar el Tajuña a los 900 metros a la derecha sale la pista donde hemos de comenzar la ruta.

Longitud: 14.145 metros la ruta completa, es una ruta prácticamente lineal. Se puede acortar como se indica en el rutómetro y el resultante sería una ruta de 10.365 metros. También se podría ampliar siguiendo río arriba la vega del Tajuña que nos llevaría hasta Morata de Tajuña por pistas cómodas y pasando por las ruinas del castillo de Casasola

Otros usuarios: Senderistas, jinetes, ornitólogos.

Desnivel: 25 metros.

Tipo de firme: Pista de tierra y carril.

Dificultad: Ruta suave y buen firme en general, hacen de ésta una ruta para todos.

Cartografía: 605 y 606 C.G.E. / C.N.I.G.

Observaciones: Precaución ya que la pista puede ser utilizada por vehículos a motor.

Medio natural a destacar: La variedad geológica: en los páramos es caliza, en los escarpes hay margas y yesos, y en las terrazas fluviales tenemos aluviones de grava caliza. Las margas y los yesos son casi impermeables lo que provoca la aparición de manantiales de agua en las laderas, por ejemplo la Laguna de San Juan. La vegetación viene caracterizada por la espadaña, el carrizo, los juncos, las eneas... La avifauna con el aguilucho lagunero, cernícalo, ánade real, focha común, polla de agua, ruiseñor, abejaruco, martín pescador, cuco, estornino... Los mamíferos son más difíciles de ver pero podemos llegar a observar topos, zorros, garduñas, comadrejas... No olvidar anfibios como: sapo de espuelas, rana verde, galápago leproso o culebra viperina.

Patrimonio cultural a destacar: Titulcia: Iglesia de Santa María Magdalena (S. XVI) restaurada tras la guerra civil, al igual que gran parte del pueblo, llamado La Bayona hasta 1814.

Chinchon: Castillo muy maltrecho que fue construido entre 1590 y 1598 sobre uno anterior, ha sido dañado en numerosas ocasiones por las disputas a lo largo de su historia. Plaza mayor, Parador (antiguo convento de San Agustín), iglesia de la Asunción (en su interior la Asunción de la Virgen, cuadro pintado por Goya), Casa de la Cadena (casa barroca de finales del XVII), ruinas del castillo de Casasola situado en la vega del Tajuña aguas arriba.

Información adicional:

Ayuntamiento de Titulcia	918 010 470
Ayuntamiento de Chinchón	918 940 084
Vías pecuarias	www.madrid.org/ceconomia
Sociedad española de ornitología	www.seo.org

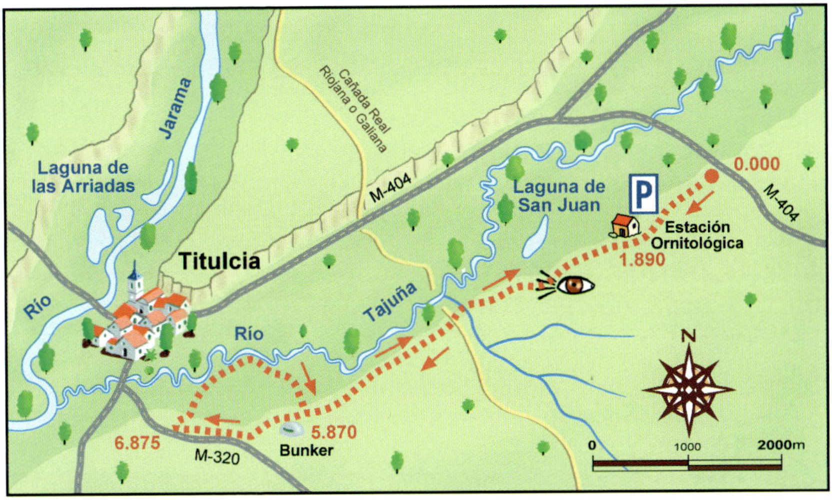

0.000 / 14.145

Atención: las distancias son desde la carretera M-404 que une Titulcia con Chinchón. Para aquellos que no puedan aparcar en las inmediaciones pueden continuar o llegar hasta el punto 1.890 y estacionar allí. Se convertiría así en una ruta de 10.365 metros.

0.070 / 14.075

Continuamos de frente sin coger la pista que surge a nuestra izquierda.

0.135 / 14.010

Ahora hemos de seguir el ramal izquierdo. De vez en cuando veremos algún cartel indicativo de Laguna de San Juan que es el destino de nuestra ruta.

0.445 / 13.700

Continuamos nuestro rodar sin desviarnos.

0.680 / 13.465

Cruce importante, ahora hemos de seguir por la izquierda.

1.890 / 12.255

Aparcamiento a nuestra derecha. Junto a una cabaña de madera, usada como estación ornitológica.

1.915 / 12.230

Panel informativo sobre la fauna y avifauna, así como de la vegetación de este singular paraje que estamos recorriendo junto al río Tajuña y los cortados yesíferos.

A nuestra derecha ya tenemos parte de la Laguna de San Juan. Hemos de estar muy atentos para poder observar y deleitarnos con su variada avifauna, aunque en determinadas épocas el carrizo quizás nos oculte hasta la laguna.

2.605 / 11.540

Apenas a 15 metros a nuestra derecha tenemos un observatorio, al lado del desagüe de la laguna. Hemos de acercarnos muy en silencio y despacio para poder ver las aves que la habitan o la usan en sus migraciones.

Al lado contrario del mirador hay un camino (solo para los muy mayores o muy hábiles) que permite tras ascender caminando algo más de 50 m de desnivel, obtener las mejores vistas de conjunto de toda la laguna. Es muy peligroso.

2.780 / 11.365

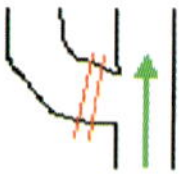

Pista a la izquierda, que nos permitiría acercarnos al cerro nombrado anteriormente. A la derecha hay otro camino sin importancia unos 5 metros más adelante.

3.450 / 10.695

Encrucijada, rodamos de frente siguiendo la pista principal teniendo siempre a nuestra izquierda los cortados yesíferos y a nuestra derecha la vega del Tajuña. Nos daremos cuenta de la existencia de una casa en ruinas que utiliza parte del escarpe yesifero en este tramo entre la laguna y el bunker.

4.330 / 9.815
Surge un camino a nuestra derecha al que ignoramos.

5.350 / 8.795

Pista a nuestra derecha que ignoramos.
Cuando retornemos de ver más de cerca el Tajuña llegaremos a este punto.

5.870 / 8.275
Hemos de estar muy atentos y descubriremos a nuestra izquierda (a unos 15 metros) apenas visible un bunker de la guerra civil, al cual se puede acceder por su izquierda.

6.040 / 8.105
Cruce con la carretera M-320 que une Titulcia con Villaconejos.
Si nos fijamos vemos que paralela a la carretera a su derecha hay un tramo de cañada que nos lleva evitando el asfalto.

6.785 / 7.360

En este cruce podemos decidir si queremos continuar la pista que desemboca en la carretera M-320 y llegar hasta Titulcia, aunque no es recomendable hacerlo en bicicleta ya que tendríamos que rodar durante más de 1.100 metros por carretera, o bien, girar a la derecha y dar una pequeña vuelta que nos retornará a la pista que hemos traído y recuperar nuestro vehículo.

7.485 / 6.300
A nuestra derecha tenemos el acceso a una finca.

8.130 / 6.015
La pista empeora pero hemos de continuarla sin coger ningún desvío, teniendo como referencia permanente los cortados delante nuestro.

8.480 / 5.665
Pasamos sobre una acequia.

8.795 / 5.350
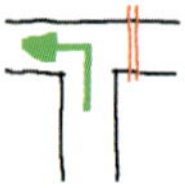
Llegamos a la pista que usamos, concretamente al punto 5.350.

14.145 / 0.000
Tras haber pedaleado por la vega del Tajuña retornamos al punto de inicio que utilizamos en esta ruta, el cruce con la carretera de unión de Titulcia con Chinchón.

12.- PARQUE NATURAL DE GUADARRAMA. Valle de la Jarosa

Ruta por uno de los parajes más impresionantes del futuro Parque Natural de Guadarrama, paraje singular y solitario cerca de las grandes aglomeraciones.

Este valle oculto para gran parte de las personas que visitan la sierra del Guadarrama bien por su "poca fama" bien porque el acceso a su parte alta desde la Jarosa se hace un poco largo, le hacen conservar gran parte de sus encantos, poseyendo unas vistas de la sierra inigualables tales como Siete Picos, Maliciosa, Bola del Mundo, el Yelmo, el valle de Cuelgamuros donde se encuentra situada la Cruz de los Caídos y un sinfín de paisajes.

Ruinas de la ermita de San Macario y embalse de la Jarosa

Ficha de Ruta

Situación: En el término municipal de Guadarrama dentro del futuro Parque Nacional del Guadarrama en la zona Noroeste de la Comunidad de Madrid.

Acceso: En vehículo propio por la A-6 hasta la salida por la antigua N-VI (por puerto del León) hasta llegar a Guadarrama, entraremos en la localidad en dirección a la plaza de toros, justo a su espalda sale la carretera que a través de urbanizaciones y después bajo el viaducto de la AP-6 nos conducirá hasta la presa de la Jarosa, la rodearemos por la derecha hasta llegar al Aparcamiento del Mesón El Cordobés.

Longitud: 14.170 metros la ruta completa. No admite atajos.

Otros usuarios: Senderistas.

Desnivel: 1.453 metros la cota más alta y 1.100 la más baja.

Tipo de firme: Pista asfaltada con gravilla suelta y asfalto al rodear la presa.

Dificultad: Ruta larga y con grandes repechos debido al desnivel, que hacen que sea una ruta solo apta para los mayores. El tramo de bajada es muy rápido y peligroso.

Cartografía: Sierra del Guadarrama 1:50.000 editado por La Tienda Verde.

Observaciones: Esta ruta cuenta con todos los alicientes para realizar en cualquier época del año en especial en primavera, principios de verano y otoño.

Medio natural a destacar: El pino resinero (*Pinus Pinaster*) de repoblación sustituye al encinar y quizás al roble melojo a media ladera, en su parte baja quejigos. Pese a ello el pino silvestre si se conserva en cotas superiores a 1.500 m.

Patrimonio cultural a destacar: Guadarrama: Se tiene constancia de haber sido habitado en el Neolítico, aunque su mayor auge fue debido a su situación estratégica de paso entre ambas mesetas en época romana, árabe,... Guadarrama en árabe significa "río de arena".
Durante el reinado de Alfonso X se repobló la zona con gente venida de Segovia.
Fernando VI en 1749 abre el Puerto de Guadarrama (se coloco el león para conmemorarlo).
Se declara en 1930 la Peña del Arcipreste de Hita Monumento Natural.
Durante la guerra civil 1936-1939 fue un frente muy importante.

En 1967 se construyó la presa de la Jarosa (abastece el alto Guadarrama), se encuentra incluida en el Catalogo de Protección de Embalses y Zonas Húmedas de la Comunidad de Madrid.

A visitar la Torre de la antigua iglesia parroquial (S. XV al XVIII), el Alto del León (1749), el Puente de Piedra o del Rosario (S. XVIII), la fuente de los Caños (1785), la Peña del Arcipreste de Hita (1930) o la Plaza Mayor (1945).

Información adicional:

Ayuntamiento de Guadarrama	918 540 051
Oficina de Turismo	918 543 082
Autobuses Larrea	918 540 833

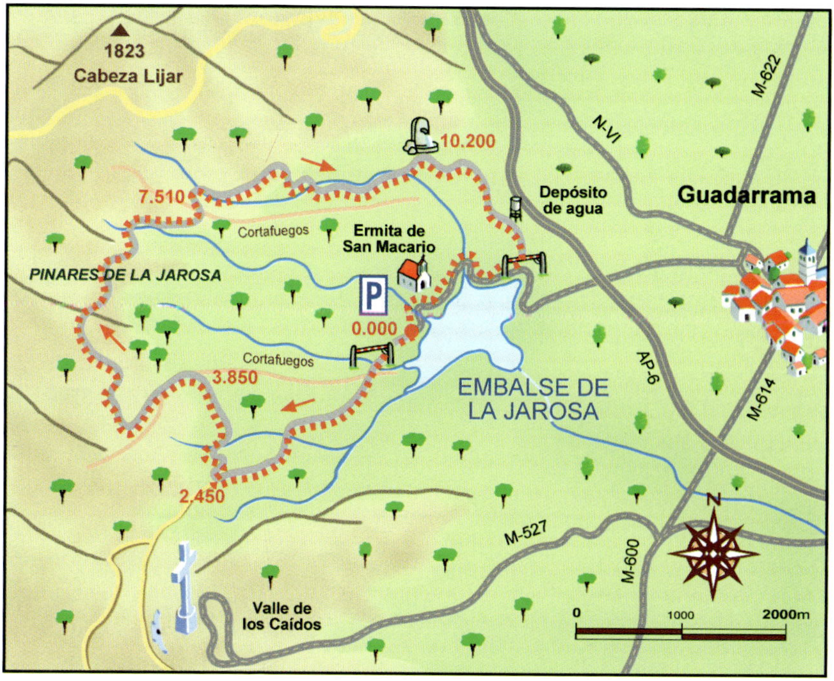

0.000 / 14.170

Junto al mesón el Cordobés pondremos el cuentakilómetros a 0 y continuaremos por la pista asfaltada que traíamos.

La pista está cortada al tráfico, hemos de tener precaución en época de caza, de octubre a enero.

La ruta comienza con una subida. Esta es una ruta con constantes repechos y fuertes desniveles, aunque el entorno y las vistas merecen el esfuerzo.

0.190 / 13.980

Pista a nuestra derecha, pasamos de ella, al igual que las otras que encontraremos las hemos de desechar y continuar siempre por la pista principal que es la que llevamos actualmente. A pocos metros nueva pista a la derecha, nos olvidamos de ella.

0.840 / 13.330

Pista a nuestra izquierda, continuamos por la que llevamos.

Ahora comienza otra nueva subida.

2.450 / 11.720

En esta curva cerrada a derecha tenemos una pista a nuestra izquierda que no utilizamos.

Pero si lo hiciéramos, esta pista llamada camino de la Carrasqueta nos situaría sobre el valle de los caídos. Merece la pena cogiendo la pista unos pocos metros desde el cruce, para situarnos a la izquierda sobre un canchal y disfrutar de las vistas. Desde este privilegiado mirador veremos Siete Picos, Bola del Mundo, Maliciosa, el Yelmo o la Jarosa entre otros puntos de interés.

3.850 / 10.320

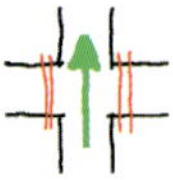

Cruce con cortafuegos, seguimos por la pista principal.

5.050 / 9.120

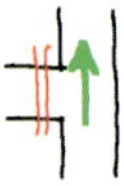

Camino a la izquierda. Proseguimos nuestro ciclar hacia la cota más alta de nuestra ruta.

6.700 / 7.470

Punto culminante de la ruta 1.453 m. A partir de ahora todo es bajada salvo algún mínimo repecho.

Hemos de tener cuidado puesto que hay tramos de

grandes bajadas en las cuales adquiriremos altas velocidades con el consiguiente riesgo de caídas al haber en el suelo gravilla.

7.510 / 6.660
Cruce con cortafuegos, seguimos por la pista principal.
El cortafuegos hacia la izquierda se dirige al Cerro de la Salamanca, y hacia la derecha, al Cerro del Cebo de los Lobos.
Ahora cruzaremos sobre el arroyo de los Álamos Blancos.

8.560 / 5.610
Pista a la izquierda, no la tomamos.

Ahora hay unas vertiginosas curvas (5) en forma de S.

9.580 / 4.590
Pista a nuestra derecha.

10.200 / 3.970
Fuente, previamente hemos pasado por un cercado de ganado vacuno.

10.700 / 3.470
Pista a la izquierda que nos llevaría a la carretera que une el Collado del Hornillo con el Alto del León, pudiendo cogerla para subir al Puerto de Guadarrama o Alto del León.
Muy interesante subir para los más mayores (en otra

Vistas desde la subida con la Maliciosa, la cuerda de los Porrrones y el Yelmo al fondo

ocasión debido a su dureza), ya que en su parte alta quedan restos de trincheras y fortificaciones de la guerra civil (1936-1939) debido a que fue uno de los frentes de mayor dureza al principio de la contienda.

10.850 / 3.320
Pista a la izquierda que nos llevaría hasta la carretera N-VI, tampoco la usaremos.

11.450 / 2.720
Depósito de aguas.

11.800 / 2.370
Barrera, continuamos nuestro descenso.

12.290 / 1.880
Cruce junto a la presa, hemos de girar a la derecha para rodear la presa y de este modo recuperar nuestro vehículo.

12.750 / 1.420
Ruinas de la Ermita de San Macario. Al construir la presa se inundó la aldea de la Herrería despoblada dos siglos antes. Ésta se encontraba en el centro de la zona a inundar, por ello las piedras de su torre fueron desmontadas y montadas en el punto en el cual ahora las vemos.

13.500 / 0.670
Aparcamiento Jarosa I. Justo detrás se encuentra la ermita de Ntra. Sra. de la Jarosa, unos metros antes tiene otra entrada.

13.950 / 0.220
Aparcamiento Jarosa II.

14.170 / 0.000
Mesón el Cordobés y nuestro vehículo.

13.- PARQUE DE POLVORANCA. Leganés

El último reducto de naturaleza en la zona suroeste del área metropolitana de Madrid, fue la ilusión política de una época en la cual se proclamó a los cuatro vientos que sería el parque más grande que existiera en Madrid (más grande que la Casa de Campo) y que uniría los cuatro grandes núcleos del suroeste: Leganés, Fuenlabrada, Getafe y Alcorcón.

Pero eso fue agua de borrajas y ahora es un oasis rodeado de asfalto y cemento. No por ello hay que desmerecer la calidad del parque ni tampoco el bien que hace a todos los ciudadanos este pulmón de aire y naturaleza.

En diciembre de 2004 se ha iniciado la creación del Parque Forestal de la zona sur. En principio, ira por el sur de la M-50, entre Alcorcón y la A-42 (autovía de Toledo) en Pinto. Está prevista la plantación de 40.000 árboles autóctonos como encinas, quejigos, madroños, fresnos etc. También la creación de una laguna artificial y la construcción de un carril bici, sendas.

En Marzo de 2005 hay en marcha un estudio para la rehabilitación de la Iglesia de San Pedro Apóstol, para uso social y mostrar los restos arqueológicos de los yacimientos de la zona.

El parque posee pequeños y recoletos rincones donde olvidarse de todo y disfrutar de este bello enclave.

Arroyo de la Recomba

Ficha de Ruta

Situación: En el municipio de Leganés, linda con Fuenlabrada y Alcorcón.

Acceso: En tren en la línea C-5, nos bajaremos en la estación de Parque Polvoranca. En vehículo propio desde Leganés, Alcorcón y desde la circunvalación de Leganés que, por el sur, une Alcorcón, Fuenlabrada y Getafe.

Longitud: Variable ya que las posibilidades son infinitas, la ruta propuesta tiene 13.185 metros.

Otros usuarios: Senderistas, personas con movilidad reducida (ligeras modificaciones con respecto a la ruta propuesta).

Desnivel: Prácticamente nulo.

Tipo de firme: Pista en muy buen estado y sendas.

Dificultad: Únicamente la longitud que queremos ampliar ya que no es una ruta fija, admite innumerables modificaciones, ampliando o reduciendo la misma.

Cartografía: 582-I o 582 C.N.I.G. / 582 C.G.E ./ 4 C.A.M. (Región metropolitana).

Observaciones: Parque que admite muchas posibilidades de ocio para toda la familia. Parques infantiles, pistas patinaje, petanca, campo de fútbol, baloncesto, dispone de servicios, chiringuito,....

Medio natural a destacar: Los múltiples ecosistemas representados y en especial la recuperación medioambiental del Arroyo de la Recomba, la laguna Mari-Pascuala, el jardín botánico y los campos cerealistas del entorno.

Patrimonio cultural a destacar: Las ruinas de la iglesia de San Pedro Apóstol S. XVII y los vestigios del antiguo poblado de la Polvoranca, el cual contaba con varias casas señoriales uno de cuyos escudos de armas se encuentra en el Centro Municipal "Las Dehesillas" de Leganés. En Leganés, la iglesia de San Salvador es una obra del barroco madrileño del S. XVII imprescindible de ver. Destaca el retablo mayor de José Benito De Churriguera, y, otros once retablos más que decoran la iglesia, también contemplar el retrato de San Pedro de Arbuses.
La ermita de San Nicasio S. XVIII de estilo neoclásico corresponde a Ventura Rodríguez, famoso arquitecto madrileño. Está situada en el casco urbano de Leganés salida Alcorcón.

Información adicional:

Ayuntamiento de Leganés	912 489 010 (010 desde Leganés) www.leganes.org
C. E. A. Parque Polvoranca	917 650 400
SEO - Vanellos	917 666 469 (21 - 23 h Juan González)
SEO - Birdlife	914 340 910 www.seo.org

0.000 / 13.185

Estación de tren de Parque Polvoranca, nos situamos en la parte que da al nuevo barrio de Arroyo Culebro.
Comenzaremos circulando con mucha precaución de frente, cruzando con cuidado, para coger la calle peatonal que nos llevará hasta el parque. Veremos al fondo las ruinas de la iglesia.

0.735 / 12.450

Cruzamos el paso de peatones para posteriormente coger durante unos pocos metros el carril bici que nos hará pasar por un puente de madera.
El camino nos une a la pista que pasa por debajo de la carretera M-407 que une Leganés con Fuenlabrada.
Atención: valla rota, pasarla y continuar recto.

0.960 / 12.225

Pasamos bajo la calzada y continuamos por la pista.

1.340 / 11.845

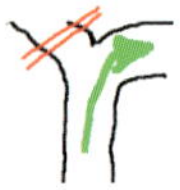

Bifurcación, cogemos la pista de la derecha, rodeando las ruinas del despoblado de Polvoranca.

1.590 / 11.595

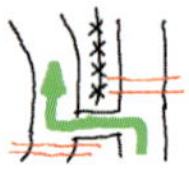

A nuestra izquierda tenemos una pista paralela, nos pasamos a ella y giramos a la derecha continuando por ésta. A nuestra derecha veremos la Laguna de la Recomba y remontaremos el arroyo que la abastece. A su vez desde la loma de la izquierda fácilmente se nos cruzaran liebres, conejos, perdices, cogujada común,... por lo cual hemos de estar muy atentos.

2.230 / 10.955

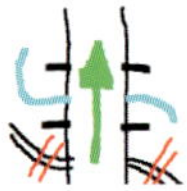

Puente sobre el arroyo de la Recomba, éste al salir del parque se le llama arroyo Culebro, nosotros continuamos nuestro rodar por la pista que llevamos.

2.760 / 10.425

Cruce muy peligroso, atravesamos por el paso de cebra y cogemos la pista que tenemos al otro lado, esta pista rodea el aparcamiento y completa por el noroeste el perímetro del parque.

2.385 / 10.800
Barrera. Continuamos por la pista.

3.545 / 9.640
Encrucijada de caminos, nosotros la salvamos pasando la barrera que tenemos a la izquierda y continuamos por la pista hacia la derecha (al lado de la tapia).
A nuestra izquierda, la puerta es la entrada al parque botánico.
Al principio de este tramo tenemos a nuestra izquierda el área "vegetación madrileña" el cual es una zona de uso restringido, dentro hay un observatorio de aves.

4.900 / 8.285
Puerta a nuestra derecha a la cual no prestaremos mayor atención.

5.200 / 7.985
Aparcamiento de Alcorcón. Continuamos de frente dando la vuelta perimetral.
En la parte exterior del parque aún quedan campos de cereales, aunque el "progreso" cada vez "devora" más

Laguna de la Recomba

rápido estos cereales y deja su dura huella sobre el terreno. La prueba es evidente durante la vuelta perimetral.

6.975 / 6.210

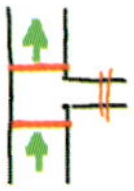

Pasamos una barrera y proseguimos dirigiéndonos a las ruinas, pasamos una segunda barrera.

7.185 / 6.000

Surge a la derecha un camino que nos lleva a las ruinas del poblado de la Polvoranca. No lo usaremos de momento, seguimos de frente. A los pocos metros tenemos la laguna de los Sisones, a nuestra izquierda, un poco separada de la pista. Esta laguna de carácter estacional aunque ahora represada debe su nombre a sus antiguos moradores, los sisones, aunque hace tiempo que no se ven por aquí.

7.870 / 5.315

Pistas de monopatín, de patinaje y actividades para mayores. Durante este tramo también veremos zonas de petanca así como de otros juegos.

8.085 / 5.100

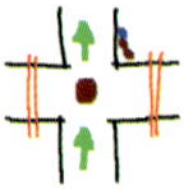

Chiringuito y a su derecha los aseos y una fuente. Continuaremos de frente para ahora rodear la laguna de Mari Pascuala.

8.340 / 4.845

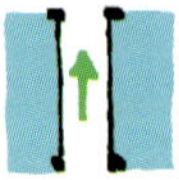

Puente. Bonitas vistas, a la derecha veremos otro puente al cual podemos acceder por una senda que sale a la derecha de éste.
Desde ese otro puente podemos ver la zona de reserva a la cual no se puede pasar, excepto en algunas ocasiones especiales. Se puede llegar a observar la garza real.

8.530 / 4.655

Templete y fuente, giramos a izquierda para llegar a una de las construcciones más representativas del parque, a escasos metros de una zona de juegos infantiles.

8.650 / 4.535

La imagen más característica del parque en cuanto a construcciones modernas se refiere, un lugar idílico si venimos en ciertas horas y si no hay gente.

8.775 / 4.410
Cascada y fuente.
A nuestra derecha tendremos ahora otra fuente, servicios, una zona de juegos infantiles.

9.240 / 3.945

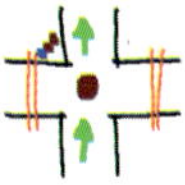

Embarcadero. Seguimos rodeando la laguna y al llegar al chiringuito continuaremos de frente. Esta pista se dirige al aparcamiento de Leganés y a dicha localidad. Está flanqueada a la izquierda por la zona de reserva, jardín botánico y una representación de las dehesas. Por su derecha zonas de juegos, arboreto de ciudad, rosaleda, jardín de rocas...

9.825 / 3.360
Centro de educación ambiental Polvoranca, el cual bien merece una visita.

9.950 / 3.235

Antes del puente, coger a la derecha camino en dirección al jardín

Templete. Laguna Mari Pascuala

de rocas. Al llegar a éste, coger el camino que surge a su izquierda por el que seguiremos el arroyo para poder admirar la vegetación de ribera y su rica fauna.

10.620 / 2.565

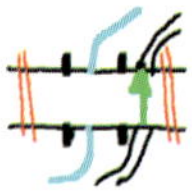

Cruce con pista junto al puente sobre el arroyo. Continuar por el camino que hay enfrente siguiendo el arroyo.

A la izquierda tenemos la laguna de la Recomba. Hábitat de ánade real, pato cuchara, fochas, pollas de agua,...

11.200 / 1.985

Mirador de la laguna de la Recomba, junto al aliviadero de esta. Dejaremos el mirador a nuestra espalda para coger ahora la pista que tenemos a la derecha (ya la usamos a la ida).

Nos acercaremos ahora a la iglesia de San Pedro Apóstol, muy cerca del lugar en que nos encontramos. En estas ruinas encuentra un buen lugar para habitar el cernícalo, mochuelo, vencejo,...

Por la pista que ahora llevamos toparemos con un cruce de nuestro camino con la pista ancha que llevábamos antes, los caminos y pistas que nos salgan no los hemos de coger.

11.545 / 1.640

Cruce, giramos a la izquierda y tras pasar la primera barrera coger pista a la izquierda en dirección a la carretera.

12.205 / 0.980

Paso inferior bajo la carretera cruzarlo siguiendo el arroyo.

Atención: valla rota, pasarla y continuar recto para a continuación, cruzar puente de madera.

Tras cruzar la calle, seguir la calle peatonal.

13.185 / 0.000

Apeadero de Parque Polvoranca.

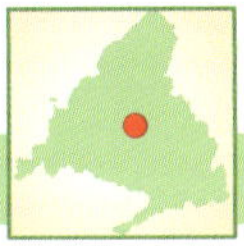

14.- PARQUE DEL RETIRO. Madrid

Itinerario corto pero para realizar con calma con toda la familia, ya que este recorrido nos adentra en el pequeño pulmón de Madrid que es el Parque del Retiro.

Es un recorrido por la historia y la evolución del parque desde su creación a principios del S. XVII hasta nuestro días, a través de esta ruta veremos los pasos de la historia por este recinto.

También es un recorrido botánico en el que podremos contemplar especies arbóreas de varios continentes y algunos ejemplares dignos de este museo botánico al aire libre.

Palacio de Cristal

Ficha de Ruta

Situación: En el casco urbano de Madrid.

Acceso: En tren accediendo a la estación de Atocha y saliendo por la puerta del Ministerio de Agricultura subiremos la calle Alfonso XII para acceder por la puerta del Ángel Caído. En metro L-1 Atocha, L-2 Retiro y Príncipe de Vergara y L-9 Ibiza. El parque cuenta con catorce puertas de acceso a elegir

Longitud: 7.100 metros la ruta propuesta. Admite ampliaciones, atajos y sin duda alguna modificaciones y repeticiones.

Otros usuarios: Senderistas. Patinadores y personas con movilidad reducida con modificaciones sobre la ruta propuesta.

Tipo de firme: El firme asfaltado en algunos tramos, de tierra otros, hace que sea una ruta cómoda pero hemos de tener en cuenta que es un parque y no debemos de correr.

Desnivel: Apenas unos metros prácticamente inapreciables, excepto cuando bajemos de la glorieta del Ángel Caido a la puerta homónima.

Dificultad: Ninguna y teniendo en cuenta el tipo de firme hacen que sea una ruta apta para todos.

Cartografía: 559 C.G.E. / C.N.I.G.

Observaciones: Parque muy conocido por los madrileños pero que siempre tiene rincones para descubrir y disfrutar. Cualquier época es buena y si es posible hacerlo entre semana, con menos afluencia de público, mejor.

Medio natural a destacar: A destacar algunos árboles que por su interés se encuentran incluidos en el Catálogo de Árboles Singulares de la Comunidad de Madrid. P.Ej. El Ahuehuete o Ciprés Calvo (*Taxodium mucronatum*) plantado en 1633 y situado en el Parterre, Ciprés de los Pantanos (*Taxodium distichum*) en el Estanque del Palacio de Cristal, la Palmera de Fortune en el Jardín Chino, un Eucalipto situado cerca del monumento a Alfonso XII y, como no, un magnifico ejemplar de Pino Carrasco (*Pinus halepensis*) cercano a la Rosaleda. En cuanto a la avifauna, mirlo, verdecillo, herrerillo, carbonero, pito real, reyezuelo, ánades, cisnes, etc.

Patrimonio cultural a destacar: El parque es interesante tanto en conjunto como por partes: el paseo de las estatuas, monumento a Alfonso XII, Palacio de Cristal, ruinas de la iglesia de San Isidoro, la Casita del Pescador...

Información adicional:

Ayuntamiento de Madrid	010	www.munimadrid.es
SEO - Birdlife	914 340 910	www.seo.org

RENFE	902 240 202	
Consorcio Regional de Transportes	915 804 260	www.ctm-madrid.es www.madrid.org

0.000 / 7.100

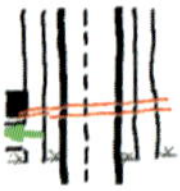

Ponemos el cuentakilómetros a 0 en la puerta del Ángel Caído, esta es la entrada más cercana a la estación de Atocha. Giramos a la izquierda siguiendo la valla que circunvala por el interior el parque. A nuestra izquierda y paralelos a nosotros tenemos la calle Alfonso XII por la que hemos subido los que hemos accedido al parque desde Atocha.

0.350 / 6.750

Puerta de Bravo Murillo. Giramos a derechas para llegar a la zona conocida como la chopera, donde se ha instalado el Bosque de los Ausentes en homenaje y recuerdo a las victimas del atentando acaecido en Madrid el 11 de Marzo de 2.004. Al llegar al centro de la zona recién modificada, giraremos a derecha para ascender y de está manera recordar lo acontecido esperando que no vuelva a suceder nunca más.

Bajamos y nos situamos nuevamente en el centro.

0.800 / 6.300

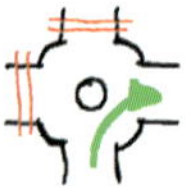

Giramos a derecha para rodear por la izquierda el polideportivo.

0.950 / 6.150

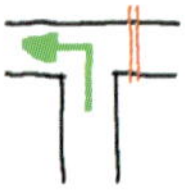

Cruce, giramos a la izquierda, enfrente tenemos una muestra del jardín tradicional madrileño conocido como el "Jardín de los Planteles de las tres plazas". Posee muchas sombras e invita al paseo.

1.200 / 5.900

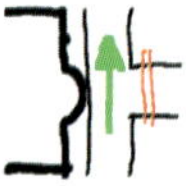

A nuestra izquierda el parterre. Jardín de tipo francés cuya mejor observación es desde arriba, fue encargado por Felipe V. Destaca en él un Ciprés calvo, existe un ejemplar en Santa Maria de Tula (México, lugar oriundo de esta especie) que con su tronco de 52 metros de perímetro se cree que es el árbol más grueso del mundo y se cree que tiene entre 2.000 y 6.000 años.

A lo lejos veremos la puerta de Felipe IV, promotor del Real Sitio del Buen Retiro a principios de S. XVII, y al otro lado el Casón del Buen Retiro. Seguimos de frente y en apenas 75 metros tendremos a nuestra derecha la fuente de las Campanillas.

1.400 / 5.700

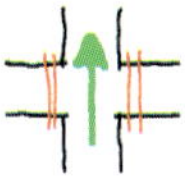

Cruce con el Paseo de la República Argentina o Paseo de las Estatuas. A la izquierda iríamos hasta la Puerta de España, y a diestra iríamos al estanque grande del Retiro, por el cual luego pasaremos.

1.700 / 5.400

Llegamos a las inmediaciones de la Puerta de la Independencia, detrás de ella vemos la mítica Puerta de Alcalá. Seguimos por el paseo que tenemos de frente, mejor por su lateral para evitar los escalones.

1.875 / 5.225

Rotonda y a nuestra izquierda la Puerta de Hernani. Al lado de esta puerta se encuentra

Pavo real

el Acceso de Metro Retiro, otro excelente lugar para empezar esta ruta.

2.000 / 5.100
Construcción a nuestra izquierda.

2.280 / 4.820

Llegamos a la Puerta de Madrid, ahora hemos de seguir pegados a la valla.

Es muy recomendable acercarse al sureste unos pocos metros hasta la Casita del Pescador, mandada construir por Fernando VII y único exponente de la arquitectura de jardín, dentro de los llamados "caprichos románticos", inspirados en la jardinería francesa de finales del XVIII y principios del XIX. Dentro de estos "caprichos" también se encuentra la montaña artificial, la Casa del Contrabandista (hoy sala de fiestas), la Casa Rústica o Persa (desaparecida), la Casa del Pobre y del Rico (desaparecida) o la Casa de Vacas.

La Casita del Pescador es una construcción en mitad de un pequeño estanque, restaurada hace poco tiempo, actualmente usada como oficina de información donde nos podrán dar un buen plano del parque, así como información sobre su fauna y su botánica.

2.420 / 4.680
Puerta de O'Donnell, a nuestra derecha tenemos la Montaña Artificial, construida para ocultar una antigua noria, siendo usada en la actualidad como sala de exposiciones.

Tras la montaña artificial están la ruinas de la Basílica de San Isidoro de Ávila llamado así ya que en 1062 el cuerpo del santo descansó en ella al ser trasladados sus restos de Sevilla a León, aún hoy observaremos en ella rasgos de su estilo románico del siglo XI. Continuamos pegados a la valla.

2.620 / 4.480
Puerta de la América Española.

2.800 / 4.300
Puerta de la Reina Mercedes, al otro lado tenemos el acceso desde el Metro Ibiza.
A nuestra derecha llegaríamos a una conocida sala de fiestas sobre lo que antiguamente era la llamada Casa del Contrabandista (S. XIX), aunque posteriormente también se usó como establecimiento higiénico terapéutico, donde los clientes podían consumir aguas oxigenadas, inhalarlas o ser pulverizados para la curación de sus enfermedades. El concesionario a cambio debía ofrecer gratuitamente estos servicios a dos pobres.

2.950 / 4.150
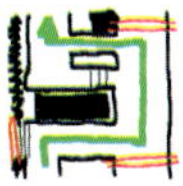
Puerta de Sainz de Baranda, junto a ella se encuentran unas instalaciones de la Junta Municipal de Retiro.
Hemos de rodear la instalación para una vez sobrepasada veremos a la izquierda la antigua Casa de Fieras, entramos por la segunda entrada (la primera tiene escalones).

3.250 / 3.850

Giramos a derecha al llegar al paseo con los arcos, circularemos bajo ellos.

3.350 / 3.750
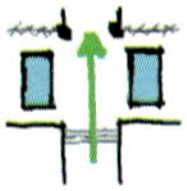
Llegamos a una pequeña escalera de 3 peldaños, ahora nos flanquean dos pequeños estanques con patos, ánades,...
Enfrente la puerta de acceso a los Jardines de Cecilio Rodríguez (jardinero mayor que lo diseñó como continuación de la Casa de Fieras).

3.380 / 3.720
Puerta de acceso (sólo abierta de lunes a viernes de 8 a 17 horas, si vamos en esos días y horario bien merece una visita).

Entramos y giramos a izquierdas para con precaución, puesto que hay escalones y sobre todo pavos reales, rodear por la izquierda este bonito jardín. Bajo sus pérgolas y en sus bancos bien merece la pena un descanso para contemplar las fantásticas muestras del pavo real.

3.480 / 3.620
Pérgola.

3.600 / 3.500
Pérgola, enfrente tenemos el pabellón de Cecilio Rodríguez. Seguimos rodeando girando a derechas para salir por la puerta que tras dos edificaciones nos saca por la puerta oeste al Paseo del Duque Fernán Núñez también conocido como Paseo de los Coches y en el cual se instala la popular feria del libro de Madrid.

3.720 / 3.380
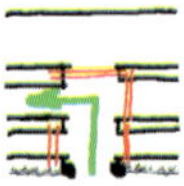
Giramos a izquierda por la pista cercana a la valla (la segunda). Continuamos de frente para circular paralelos al paseo.

3.850 / 3.250
Cruce, seguimos de frente. A la izquierda tenemos la Puerta de Granada.

4.050 / 3.050
Giramos a derecha, a nuestra izquierda la Puerta del Niño Jesús. Por esta vía alcanzaremos el paseo y saldremos, para rodear por el sur la Rosaleda, a la glorieta del Ángel Caído.

4.400 / 2.700
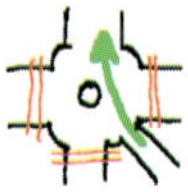
Glorieta del Ángel Caído. Seguimos de frente por el Paseo de la República de Cuba.

4.900 / 2.200
Fuente de la Alcachofa. Rodamos de frente para pasar junto al estanque, al otro lado del mismo tenemos el monumento a Alfonso XII.

5.300 / 1.800
Fuente de los Galápagos, al llegar a ella giramos a derechas, rodeando el estanque hasta llegar a la espalda del monumento a Alfonso XII.

5.600 / 1.500

Monumento a Alfonso XII.
Por dentro es hueco y antaño se podía acceder hasta la base de la estatua ecuestre pa-

ra a través de sus cristales disfrutar de la vista.
Le rodeamos para tras pasar por un puente llegar al Paseo de Venezuela.

5.800 / 1.300

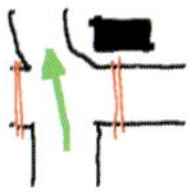

Cruce continuamos de frente para rodear por la izquierda el Palacio de Velázquez, continuar dirección sur.

6.100 / 1.000

Palacio de Cristal (fue construido para la exposición de Filipinas en 1887) y su estanque, no dejemos de admirar su avifauna, cisnes negros, ánades,... también destaca el ciprés de los pantanos (*Taxodium distichum*).
Rodeamos por la izquierda para tras pasar bajo una pequeña gruta con cascada situarnos en la escalinata del Palacio de Cristal.

6.250 / 0.850

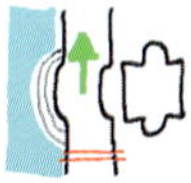

Tras disfrutar desde la escalinata del estanque y de su entorno retomamos rumbo sur, dejando a la derecha el Palacio de

Cristal, para dirigirnos al Jardín Chino.

6.450 / 0.650

Nos encontramos tras pasar un pequeño puente en una isla artificial llamada el Jardín Chino. Destaca la Palmera de Fortune. Salimos de la isla por otro puente situado al sur y buscando hacia el suroeste la cercana glorieta del Ángel Caído junto a un kiosco permanente.

6.550 / 0.550

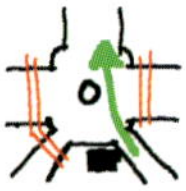

Glorieta, la ya conocida rotonda nos sirve para coger el Paseo hacia la puerta del Ángel Caído.

7.100 / 0.000

Tras una bajada rápida llegamos a la puerta y damos por terminada una ruta corta pero no por ello menos interesante.

R-15

15.- PARQUE TIERNO GALVÁN. Madrid

Corto recorrido que se adentra en este pequeño parque de unas 54 has. en homenaje al que fue alcalde de Madrid y apodado cariñosamente como "el viejo profesor".

Este parque rodeado de carreteras como la M-30 es un pequeño islote, un lugar donde disfrutar de la familia.

Un pulmón de pequeñas proporciones que no puede absorber ni regenerar el aire de las carreteras de alrededor. Quizás una visita a este parque haga que la gente piense en sus prioridades: salud, bicicleta o tráfico motorizado y prisas.

El parque dispone de una senda botánica con carteles identificando cada especie y también paneles informativos sobre la fauna que habita en este lugar.

Desde su mirador situado en la parte alta del parque podemos observar parte de Madrid, el parque forestal de Entrevías y el parque lineal del Manzanares entre otras cosas.

Parque Tierno Galván

Ficha de Ruta

Situación: En el casco urbano de Madrid, en la zona comprendida al suroeste de Delicias y al sureste de Méndez Álvaro.

Acceso: En tren accediendo a la estación de Méndez Álvaro C-5 o en metro en la misma estación L-6, para salir y coger la avenida del Planetario. También desde la estación de Delicias de la línea C-7 y C-10. En coche accederemos por la calle de Méndez Álvaro y subiremos por la avenida del Planetario y al finalizar estacionar en el aparcamiento habilitado.

Longitud: 7.490 metros la ruta descrita. Se puede ampliar, acortar y modificar.

Otros usuarios: Senderistas. Patinadores y personas con movilidad reducida con modificaciones sobre la ruta propuesta.

Desnivel: 30 metros.

Tipo de firme: El firme asfaltado en algunos tramos, de tierra en otros hace que sea una ruta cómoda pero hemos de evitar el emocionarnos y tener en cuenta que es un parque y no un circuito de carreras.

Dificultad: Ninguna salvo una subida y una rápida bajada en la que tendremos precaución con los más pequeños.

Cartografía: 559 C.G.E. / 559 C.N.I.G.

Observaciones: Parque muy conocido por los madrileños pero desconocido para los no habituales de la capital. Cualquier época es buena y sí es posible hacerlo entre semana, con menos afluencia de público, mejor. Los sábados el museo del ferrocarril es gratuito de 10 a 15 horas y hará las delicias de los pequeños y también de los mayores al rememorar otras épocas.

Patrimonio cultural a destacar: El planetario situado sobre lo que se conoce como el cerro de la plata, en sí mismo es merecedor de una visita por si solo, cuenta con exposiciones temporales, proyecciones,... puede proyectar en su interior 9.000 estrellas, planetas, constelaciones... simulando su movimiento real

Información adicional:

Ayuntamiento de Madrid	010	www.munimadrid.es
SEO - Birdlife	914 340 910	www.seo.org
RENFE	902 240 202	
Consorcio Regional de Transportes	915 804 260	www.ctm-madrid.es www.madrid.org

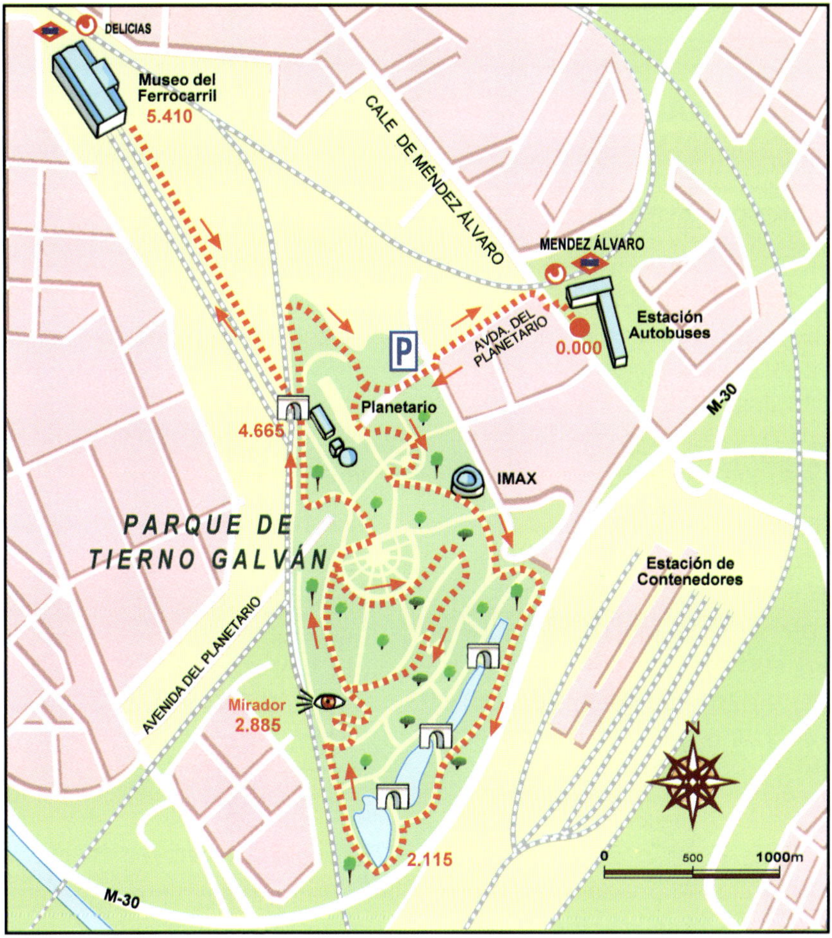

0.000 / 7.490

Saliendo de la estación de Méndez Álvaro hemos de cruzar la calle homónima y acceder al parque por la avenida del Planetario. Pasaremos por el museo del 12+1 campeón del mundo Ángel Nieto. Continuamos hasta el aparcamiento y tras él tenemos la entrada al Planetario.

0.575 / 6.915

Puerta del Planetario, giramos a la izquierda para sobrepasar en 20 metros la boca de entrada al túnel de la avenida del Planetario que cruza bajo el parque.

0.645 / 6.845

En vez de continuar, hemos de girar a la izquierda para a los escasos 70 metros girar a la derecha y poder echar un vistazo a esta parte alta del parque.

0.755 / 6.735

A nuestra izquierda tenemos una zona de juegos infantiles. Proseguimos.

0.840 / 6.650

Debajo nuestro a la izquierda podemos observar la cúpula de IMAX, un cine con proyección en tres dimensiones, una pantalla rectangular con la altura de un edificio de siete plantas y una pantalla con forma de cúpula.

0.915 / 6.575

Tras dejar a nuestra derecha un jardín circular hemos de girar a la izquierda y dirigirnos hacia el sur.

0.945 / 6.545

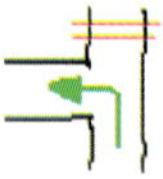

Giramos nuevamente a la izquierda para bajar a la parte sur del parque.

1.160 / 6.330

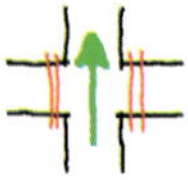

Tras esta bajada estamos ante otro de los accesos al parque, proseguimos por el contorno del parque.

1.300 / 6.190

Encrucijada, seguimos hacia la izquierda. Aunque también se puede realizar la ruta siguiendo de frente y si no hay agua en el pequeño vado que hay más adelante llegaríamos al P.K. 1.620.

A los pocos metros nos acompañará por la izquierda la M-30.

1.620 / 5.870

Tenemos a la derecha el camino que nos hubiera traído de haber seguido de frente en el punto anterior. Ahora veremos el estanque de este parque y su avifauna.

1.740 / 5.750

A nuestra derecha tenemos el primero de los puentes que salvan el embalse.

1.960 / 5.530
Segundo de los tres puentes. Tampoco lo usamos.

2.115 / 5.375
Y último de los puentes, ahora hemos de rodear el embalse, dejándolo siempre a nuestra derecha, para ello no utilizaremos el puente.

2.420 / 5.070
Zona de entrenamiento, a su izquierda vemos un paso bajo la vía férrea, en este nudo de caminos hemos de seguir de frente y proseguir nuestra ruta acompañados a mano izquierda por la vía del tren.

2.545 / 4.945

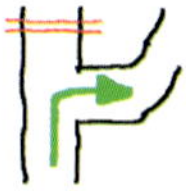

A nuestra derecha tenemos un camino que vamos a usar.
El rumbo que llevábamos antes no se puede realizar al estar cortado más adelante y tener que hacer un pequeño tramo de ida y vuelta para retornar a este punto.

Vía Férrea sin uso

2.600 / 4.890

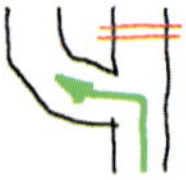

Ahora ascenderemos al mirador y a la parte alta del parque.

2.885 / 4.605

Tras esta subida en forma de cinco revueltas ya hemos llegado al mirador donde poder admirar las vistas y tomar un poco de agua en la fuente de sus inmediaciones. Abandonamos este punto dejando el mirador a nuestra espalda y cogiendo el camino de la izquierda.

3.135 / 4.355

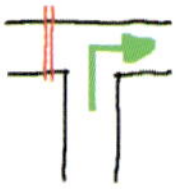

Llegamos a un cruce con el carril bici que recorre parte de este parque, lamentablemente el inicio y el final están muy juntos y no están relacionados con ninguna entrada, ni entre ellos (el recorrido es casi circular).

3.395 / 4.095

Tras haber pasado rodeando por encima el auditorio, finaliza el carril bici, nosotros continuamos por esta cómoda pista.

3.890 / 3.600

Estamos nuevamente en el mirador, continuamos como ya hicimos anteriormente.

4.135 / 3.355

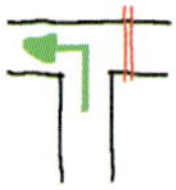

Otra vez, llegamos al cruce con el carril bici solo que en este caso giramos a la izquierda y descendemos.

4.230 / 3.260

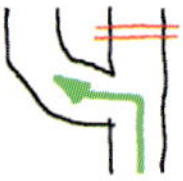

Atención hemos de girar ahora a la izquierda para dirigirnos a la zona oeste del parque.
Si nos pasáramos, nos situaríamos en la parte baja del auditorio.

4.375 / 3.115

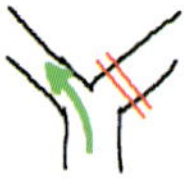

Acabamos de pasar sobre la boca oeste del túnel que cruza bajo el parque.
En este cruce en Y podemos elegir entre girar a la izquierda y posteriormente girar a la derecha para seguir junto a la vía del ferrocarril o coger el camino de la derecha y salir al mismo punto.

La distancia esta calculada girando a la izquierda.

4.665 / 2.825

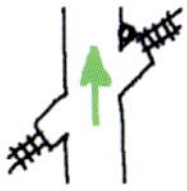

Estamos situados a la espalda del Planetario. Subimos por el puente que salva la línea de tren que nos llevará a la estación de Delicias. En su parte más alta pasamos junto a una antigua chimenea.

4.945 / 2.545

Estamos junto a una infraestructura que denota la antigüedad de este tramo del ferrocarril, se trata de un conducto que se usaba para echar agua en los tanques de la máquinas de vapor.

Proseguimos por este rehabilitado tramo del ferrocarril que nos va a conducir hasta la estación de Delicias.

5.410 / 2.080

Estación de Delicias, construida en 1880, actualmente alberga el museo del Ferrocarril (interesante muestra a través de la historia del ferrocarril que consta de antiguas locomotoras de vapor, eléctricas, ... vagones de la época), también el museo de Ciencia

Cerro de la Plata

y Tecnología instalado en el mismo lugar dispone de objetos y experimentos científicos y tecnológicos donde podrán los pequeños y mayores experimentar y aprender.
La entrada se encuentra en la otra parte del edificio y si queremos acceder hemos de rodearlo por la izquierda, el rutómetro no contempla esta distancia.
Retornamos por el mismo camino hasta pasar el puente.

6.150 / 1.340
Una vez bajamos del puente hemos de girar a la izquierda. Rodaremos cerca de las antiguas vías.

6.495 / 0.995
Estamos bajo una estructura metálica circular que permite subir hasta el acceso del aparcamiento al Planetario.
Nosotros no lo usaremos y usaremos los caminos que están paralelos a ella para llegar al mismo punto.

6.800 / 0.690

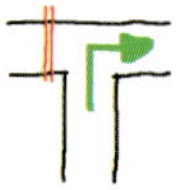

En el paseo giramos a la derecha para llegar nuevamente al Planetario.

6.915 / 0.575
Nuevamente estamos en la puerta del Planetario.
Podemos continuar ciclando por el parque o siguiendo el camino que trajimos retornar hasta el metro o el tren.

7.490 / 0.000
Estación de Méndez Álvaro.

16.- PARQUE JUAN CARLOS I. Madrid

Parque urbano que se creó sobre una zona muy degradada usada como vertedero y un olivar abandonado. La extensión actual del parque es de 220 has (160 del parque, 60 del campo de golf "Olivar de la Hinojosa" de titularidad municipal). Dentro del parque se han respetado los más de 2.200 olivos que había en el antiguo olivar de algo más de 20 hectáreas.

El elemento principal del parque es el agua que disfrutaremos en lagos, canales, geiser, cascadas, o surtidores que veremos durante nuestra ruta.

La forma principal del parque es un enorme anillo de un kilómetro de diámetro del cual parten el resto de caminos y zonas temáticas. El anillo está dividido por estaciones siguiendo el sentido de las agujas del reloj. En el sector noroeste el Paseo de la Primavera, SE verano, SO otoño y NE invierno. Cada zona tiene una coloración en el pavimento y una vegetación acorde a la estación que representan.

Parque Juan Carlos I

Otro elemento a destacar es que es un auténtico museo al aire libre y un espacio para el disfrute de todos. Dispone de zonas para cometas, juegos, recorrido en tren turístico, catamarán, estanque para barcos teledirigidos etc.

Ficha de Ruta

Situación: En el término municipal de Madrid en la zona noroeste de la capital.

Acceso: En metro L-8 Campo de las Naciones. Autobús EMT 112 y 122, se nombra el autobús ya que el parque tiene un servicio de cesión gratuita de bicicletas.

En vehículo propio por la M-40 salida 7 y entrar en los recintos feriales para estacionar en el aparcamiento del parque.

Longitud: 8.010 metros la ruta. Admite atajos pero se recomienda seguir la ruta propuesta ya que es un carril diseñado expresamente para las bicicletas.

Otros usuarios: Senderistas, personas con movilidad reducida, amantes del arte,....

Desnivel: Prácticamente inapreciable, solo 30 metros.

Tipo de firme: Pista asfaltada, pistas de tierra, paseos.

Dificultad: Ruta apta para todos debido a la falta de desniveles. Aunque la descripción quizás sea un poco larga para los más pequeños.

Cartografía: 559 II, 559 C.N.I.G. / C.G.E.

Observaciones: Recorrer con calma y respetar al máximo las señalizaciones y al resto de personas que nos encontremos en este parque muy concurrido los fines de semana.

Medio natural a destacar: El olivar recuperado, los jardines temáticos y los paseos que representan la vegetación de cada época, podremos ver en el paseo de "primavera" cerezos, castaños, ... en "verano" tilos, pinos piñoneros, sóforas,... en "otoño" quercus, ginkgos, chopos,... y en "invierno" acebos, abedules, abetos,... Entre las especies más representativas hay más de 60 especies de aves: garzas, grullas, ánades reales, mochuelos, lechuzas, gaviotas... Mamíferos: conejos, liebres... Reptiles: galápagos leprosos, tortugas de florida, tritones...

Patrimonio cultural a destacar: El jardín de las tres culturas muestra jardines representativos de las culturas cristiana, judía y árabe entorno a un mismo punto que representa el paraíso. Espacio merecedor de una visita tranquila y detenida. Esculturas como "Manolona. Opus 397", "Los cantos de la Encrucijada", "Pasaje Azul", "Fisiocromía para Madrid", "Dedos", "Espacio Méjico", " Monumento a la Paz", "Paseo entre dos árboles" o "Eolos" entre otras, dan a este parque un merecido puesto dentro de los museos al aire libre.

Información adicional:

Ayuntamiento de Madrid	010	www.munimadrid.es
SEO - Birdlife	914 340 910	www.seo.org
Consorcio Regional de Transportes	915 804 260	www.ctm-madrid.es www.madrid.org

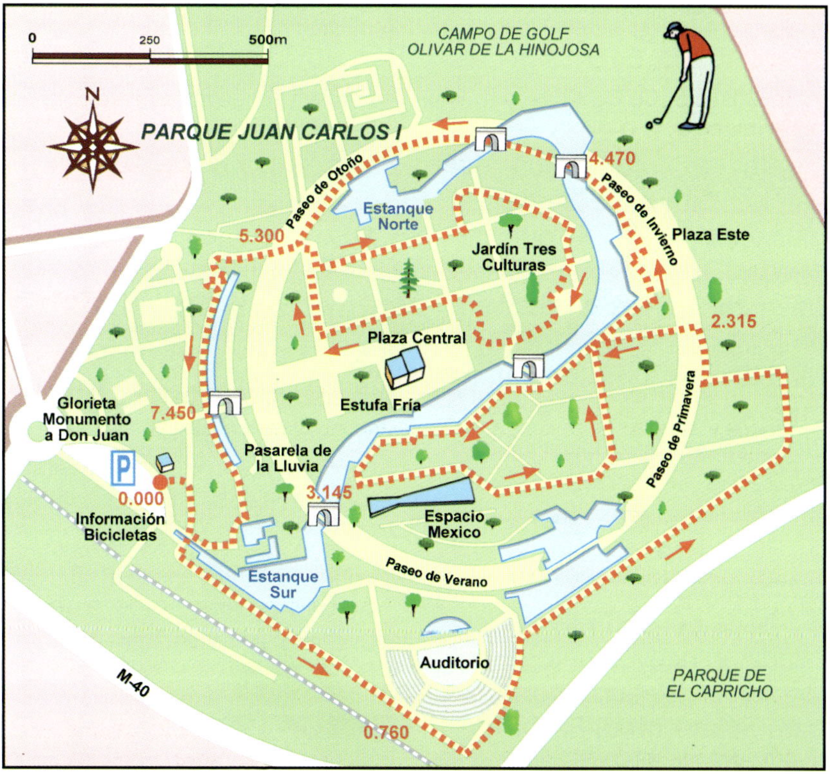

0.000

Para aquellos que comienzan la ruta desde la estación de metro de Campo de las Naciones (L-8). Bajar por la Avenida de la Capital de España Madrid hasta la Glorieta de S.A.R. Don Juan de Borbón y Battenberg para acceder al parque por su entrada principal. Una vez en el interior del Parque Juan Carlos I hemos de continuar por el paseo hacia la derecha hasta llegar al Centro de Información y préstamo de bicicletas. Así habremos sumado 650 m a nuestra ruta, más la misma distancia cuando acabemos y regresemos al Metro.

0.000 / 8.010

Ponemos el cuentakilómetros a 0 en la caseta de información del parque. Este punto se ha elegido por aquellos que no puedan traer sus bicicletas (bien por ser entre semana y no poder acceder al Metro) o también por que prefiramos que nos las dejen en el servicio de cesión gratuito que existe en el parque. Esta es una buena prueba piloto que esperemos se amplié a otros parques y zonas.
A finales del 2005 se ha instalado un nuevo punto de cesión de bicicletas al norte del parque con otras 30 bicicletas (total de 50).
Abandonando el punto de información salimos a coger la pista que baja hacia el sur, hemos de estar muy atentos a la señalización del carril bici y procurar seguirlo sin perderlo. Como ayuda hay hitos de 50 cm. de alto aproximadamente, de color azul y su parte más alta pintada de blanco, casi siempre tendremos estos hitos a nuestra derecha.

0.195 / 7.815

Tras cruzar el paseo seguimos por la parte derecha del mismo.

0.360 / 7.650

A nuestra izquierda tenemos el estanque sur donde se sitúa la escultura "Paseo entre dos árboles".

0.760 / 7.250

Estamos situados junto a la puerta del auditorio, en verano en su fuente cibernética se representa un espectáculo de agua, luz y sonido.
Continuamos de frente 150 metros y giraremos a la izquierda para rodear el auditorio.

1.195 / 6.815

Giramos a la derecha para continuar entre el lago que tendremos a nuestra izquierda y ya fuera del parque a la derecha y tras la avenida de Logroño veremos el parque del Capricho, precioso parque con lago, estanque y construcciones que le hacen merecedor de su nombre.

1.340 / 6.670
Situado en el estanque, tras el puente que le cruza, tenemos la escultura "Eolos". Proseguimos de frente sin coger ningún camino que se nos cruce.

1.885 / 6.125
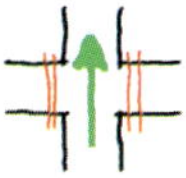
Cruzamos un nuevo paseo. A continuación tenemos una pirámide en cuya cima se encuentra la escultura "My sky hole Madrid". Rodearemos la pirámide por la derecha.

2.195 / 5.815
Llegamos a las inmediaciones del paseo de la Primavera, giramos a la derecha.

2.315 / 5.695
Cruzamos el paseo de la Primavera y continuamos de frente.

2.535 / 5.475

Importante encrucijada, ya que pasaremos por ella posteriormente, en este momento hemos de continuar hacia la izquierda, siguiendo el canal, a los 400 metros y al otro lado del mismo veremos la estufa fría (espacio para refrescar y

Tandem

crear sombras a las plantas que contiene).

3.145 / 4.865

A nuestro lado tenemos la pasarela de la lluvia que cruza el canal. A la izquierda tenemos una pirámide con un circulo rojo en su cumbre, es la escultura "Espacio Méjico". Giramos a la izquierda circulando en paralelo a la pirámide.
Tras llegar a la base de la rampa que permite acceder a la cumbre, continuamos de frente.

3.690 / 4.320

Llegamos a un tramo de camino semicircular que tomaremos hacia la izquierda, pero solo serán 50 metros, una vez recorrida esa distancia giramos nuevamente a la izquierda.
Continuaremos de frente hacia el canal y al punto que pasamos a los 2.535 metros.

3.985 / 4.025

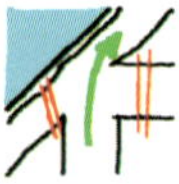

Encrucijada que resolvemos continuando pegados al canal.

4.220 / 3.790

Llegamos a la plaza este, punto de unión con el paseo

de primavera que en breves metros se convertirá en el paseo de invierno. A la izquierda tenemos un puente, que no usaremos. A nuestra derecha tenemos el campo de golf. Seguimos por el paseo, con el canal a mano izquierda.

4.470 / 3.540

Estamos ante el puente que cruza el canal, justo en este punto hacia la derecha sale un camino que será parte del carril bici, pero en el momento de editar esta guía está cerrado al público, ya que se están llevando a cabo trabajos de acondicionamiento y mejora.
Cruzamos el puente desde el que podremos observar a la derecha el geiser.

4.695 / 3.315

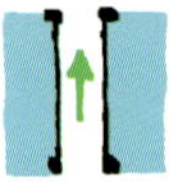

Estamos sobre otro nuevo puente que salva el canal y desemboca en el paseo de otoño. Al bajar del puente tendremos a la derecha la zona cortada del carril bici y el acceso a la pirámide norte. A la izquierda tenemos la escultura "Pasaje Azul" y unas pocas pedaladas más nos dejaran junto al estanque norte.

5.190 / 2.820

Ahora estamos sobre un tramo de canal y hemos de continuar de frente a la "Fisonomía para Madrid" una escultura que según desde donde la miramos presenta diferentes colores.

5.300 / 2.710

Pasaremos por aquí al regreso de este tramo de ruta que nos llevará ahora a pasar junto al jardín de las tres culturas. Hemos de continuar por el camino que se dirige hacia la izquierda.

5.590 / 2.420

Estamos junto al jardín de las tres culturas, concretamente al lado del jardín Judío. Continuamos y el camino nos hará rodear por el norte el jardín Árabe y por el este el jardín Cristiano.

6.055 / 1.955

Hemos de seguir de frente y a la derecha. Dejaremos en pocos metros a nuestra iz-

Al fondo el Espacio México

quierda la escultura "Homenaje a Galileo Galilei". Pasaremos posteriormente junto al olivar Reina Sofía.

A partir de aquí hemos de estar muy atentos de no despistarnos y perder las señales del circuito de bicicleta que nos desembocaran en el nexo de unión con el paseo de otoño.

6.740 / 1.270

Llegamos a un paseo y giramos a la derecha.

6.900 / 1.110

Encrucijada por la que pasamos a los 5.300 metros. Viramos a la izquierda.

Tras pasar sobre el canal y girar a la izquierda, hemos de bajar por una rampa que nos sitúa junto al canal.

7.185 / 0.825

Estamos pegados al canal, ahora hemos de seguirlo hacia el sur (a la derecha).

7.450 / 0.560

Pasamos bajo el puente del Pórtico que une la entrada del parque con la zona interior del anillo.

7.745 / 0.265

Nos hallamos junto a la "Matriz tridimensional" cerca del estanque sur. Hemos de girar a la derecha.

7.870 / 0.140

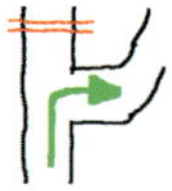

Giramos a la derecha y tras esta pequeña subida llegamos al centro de información y fin de nuestra ruta.

8.010 / 0.000

Fin de esta ruta en la que hemos disfrutado de un entorno rehabilitado y una muestra de distintas unidades ambientales bien merecedoras de una visita individualizada y pormenorizada.

R-17

17.- PARQUE LINEAL DEL MANZANARES. Madrid

Un parque construido para recuperar el entorno del río Manzanares castigado tras su paso por la capital y en el que se ha salvado parte de su ribera y se ha creado un espacio para disfrute de todas las edades, dispone de esculturas al aire libre, zona de cometas, campos de fútbol...

El parque lineal permite enlazar el anillo verde en su tramo El Pozo – Orcasitas (ruta 2) con el carril bici a San Martín de la Vega y con el futuro carril bici Gran Vía de Villaverde que unirá Villaverde Bajo con el Alto. Para ello, sólo falta un tramo de unión con ambos viales. También se puede continuar (por pistas y caminos) el río hasta llegar a Rivas – Vaciamadrid donde podremos coger el metro y volver a casa o, para los que quieran hacer más kilómetros, continuar con la ruta del Parque Regional de Sureste – Tren de Arganda (ruta 20).

Parque Lineal del Manzanares

Ficha de Ruta

Situación: En el término municipal de Madrid en la zona sur de la capital.

Acceso: En tren hasta la estación de Doce de Octubre en la línea C-5. Está prevista para 2007 la apertura de una parada de metro de la línea L-3 también cerca del hospital.

Entrando por el sur de la ruta podemos acceder desde la estación de cercanías RENFE de Villaverde Bajo.

Longitud: 12.875 metros, admite reducciones al tener varios tramos lineales.

Otros usuarios: Personas con movilidad reducida, patinadores, senderistas.

Tipo de firme: Asfalto.

Dificultad: Nula.

Cartografía: 559 C.G.E. / 559 C.N.I.G.

Observaciones: Se puede realizar en cualquier época del año. Es un parque de reciente construcción, con zonas aún no terminadas. Parte del mismo iba a ser destinado al proyecto olímpico Madrid 2012, y para la ubicación de la "Caja Mágica".

Medio natural a destacar: La vegetación de ribera y su fauna en este tramo del río Manzanares, ya que es una pequeña isla entre el mar de asfalto que la rodea.

Patrimonio cultural a destacar: En Madrid la oferta es muy variada y podemos empezar por realizar un recorrido histórico empezando por el Madrid árabe (Magerit), medieval, Austrias...
Las posibilidades son infinitas y podemos visitar museos como el museo del Prado, el museo Thyssen-Bornemisza, museo nacional Centro de Arte Reina Sofía... , pasear por el casco histórico, admirar la arquitectura de edificios como el Palacio Real, Palacio de Telecomunicaciones, el edificio de la Sociedad General de Autores...

Información adicional:

Ayuntamiento de Madrid	010	www.munimadrid.es
SEO - Birdlife	914 340 910	www.seo.org
Consorcio Regional de Transportes	915 804 260	www.ctm-madrid.es www.madrid.org
RENFE	902 240 202	

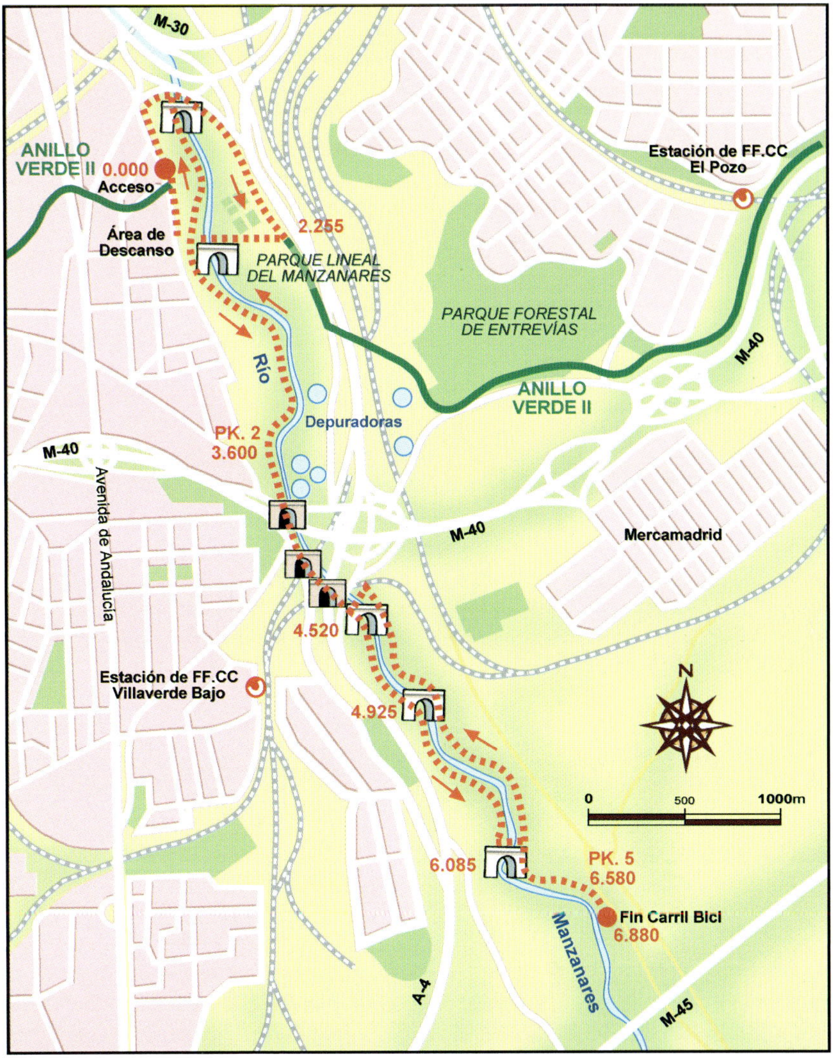

0.000 / 12.875 Al poder iniciarse en varios puntos se utiliza como lugar de inicio en esta descripción el acceso desde Doce de Octubre, concretamente en la puerta de acceso que está ubicada frente a la pérgola.

Esta es la puerta según accedemos desde el anillo verde. Entramos, al otro lado nues-

tra ruta comienza en asfalto. Giramos a mano derecha para echar un vistazo al parque.

0.120 / 12.755
A nuestra derecha, un nuevo acceso. Circulamos en paralelo a la calle Camino de Perales, dispone de varios aparcamientos en las puertas de acceso.

0.230 / 12.645
Nueva puerta a nuestra derecha, continuamos.

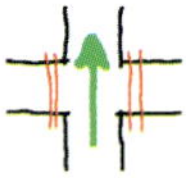

0.345 / 12.530
Puerta a la derecha, si quisiéramos ver unas vistas del parque que vamos a recorrer deberíamos echar un vistazo por el camino de la izquierda y acercarnos hasta una barandilla a 90 metros de nuestra posición. Esta distancia no está contabilizada en la ruta.

0.440 / 12.435
Fin del parque por este lado, hemos de retornar por el mismo camino.

0.880 / 11.995
Puerta de acceso frente a la pérgola, punto de inicio de nuestra ruta, seguimos de frente sin desviarnos.

1.285 / 11.590
Pasamos junto a una torre de electricidad, estamos junto al denominado nudo sur.

1.370 / 11.505
Cruzamos el puente sobre el río Manzanares cuya longitud es de unos 130 metros.
A la derecha sin cruzarlo tenemos un carril, este es propiamente el Carril Bici del Manzanares, que luego utilizaremos, pero de momento vamos a ver este parque.
Tenemos en los cerros artificiales de este parque esculturas fácilmente visibles desde nuestra posición, también se puede subir a ellos y obtener unas vistas del entorno.

2.255 / 10.620
Acceso a los campos de fútbol que tenemos a nuestra derecha. Ahora giraremos a derechas por un tramo no

habilitado para bicicletas, rodeando el extremo sur de los campos por su exterior, para dirigirnos hacia el río y a un nuevo puente que lo salva.

2.395 / 10.480
Puente sobre el Manzanares, lo pasamos y giramos hacia la izquierda para seguir a partir de ahora junto a la margen derecha del río (orográficamente hablando). El carril para las bicicletas está diferenciado del de los peatones o personas con movilidad reducida. Hemos de acatar estrictamente las normas de circulación que nos indican, por nuestra seguridad y por la de los demás.

2.930 / 9.945
Zona de descanso y paneles informativos sobre el entorno del río.

2.950 / 9.925
Nueva área de descanso. Proseguimos acompañados por el río que se escapa de la gran ciudad.

3.135 / 9.740
A nuestra izquierda vemos una tubería sobre el río.

3.600 / 9.275
Indicativo del P.K. 2. Al otro lado del río tenemos la

Carril bici. Parque Lineal del Manzanares

depuradora de aguas Santa Catalina, también conocida como "la China".

3.635 / 9.240
Tubería.

3.880 / 8.995
Unión del carril bici con el de restos de usuarios del Parque Lineal. Mucha precaución, tenemos que aminorar la velocidad.

3.940 / 8.935
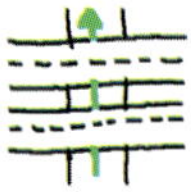
Paso inferior, hemos de estar muy atentos ya que la visibilidad en este y en el resto de los pasos inferiores (el siguiente a tan sólo 30 metros) que tendremos que cruzar a continuación, es bastante reducida.
Estamos cruzando bajo el Nudo Supersur.

4.055 / 8.820
Señalizador del P.K. 2.5

4.090 / 8.785
A la izquierda hay un par de pasos sobre el río solo aptos para peatones. Nosotros continuamos nuestra ruta sin desviarnos.

4.210 / 8.665
Cruzamos bajo las vías de los trenes de cercanías que unen Atocha con Villaverde Bajo y las líneas C-3, C-3a y C-4.

4.335 / 8.540
Pasamos bajo la A-4 Autovía de Andalucía. En los próximos 145 metros pasaremos bajo otra vía del ferrocarril y bajo el otro sentido de la A-4. Concretamente estamos pasando bajo la carretera de enlace entre la M-30 y la A-4 (la antigua N-IV es hoy la Avenida de Andalucía).

4.520 / 8.355
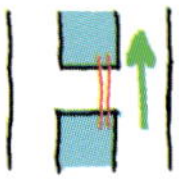
Tenemos a la izquierda un puente sobre el río Manzanares, ahora no lo utilizaremos, proseguimos bajando el río por la orilla que llevamos.
El puente lo usaremos en el retorno, ya que este tramo desde el P.K. 2.395 es el mismo al carecer de alternativas.

4.540 / 8.335
Indicador del P.K. 3.

4.925 / 7.950
A nuestra izquierda hay otro puente que salva el río. Continuamos de frente.

6.085 / 6.790
Puente, en apenas 25 metros se acaba el carril derecho del Manzanares.

6.110 / 6.765
Fin del carril en esta orilla, retornamos hasta el puente anterior que esta vez si lo hemos de usar. Tras haber cruzado continuamos, ahora por la orilla izquierda, bajando hasta el final del carril bici.

6.580 / 6.295
Marca del P.K. 5.

Puente sobre el río Manzanares

6.880 / 5.995
Fin del carril bici, si continuáramos de frente pasaríamos bajo una tubería y posteriormente llegaríamos a una segunda, si por encima de esta giramos a la derecha saldríamos a la carretera M-301 y al carril bici a San Martín de la Vega. Si lo hiciéramos a la izquierda llegaríamos a Rivas, siguiendo el río Manzanares y tras pasar por la depuradora Sur.
El retorno lo haremos por este camino hasta el puente del P.K. 6.085.

7.640 / 5.235
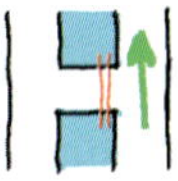
Puente a nuestra izquierda, continuamos de frente dejando el río a nuestra izquierda. Es el puente que utilizamos en la bajada.

8.080 /4.795
Nueva indicación del P.K. 5.

8.870 / 4.005
Paso sobre el río, que no usaremos en esta ocasión como tampoco lo hicimos en el P.K. 4.925 a la ida.

9.310 / 3.565
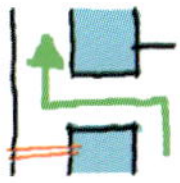
Fin del carril bici en esta orilla del río,

ahora tenemos que cruzar por el puente que tenemos a nuestra izquierda (P.K. 4.520). Tras cruzarlo, giramos a la derecha para seguir remontando el río Manzanares.

11.510 / 1.365
En este punto tenemos a nuestra derecha el puente que utilizamos en la ida, pero ahora no lo utilizaremos y proseguimos de frente.

11.810 / 1.065

Tenemos a nuestra derecha un puente cuya base es de madera, continuamos de frente.

12.050 / 0.825
Seguimos pegados al río, no hemos de coger la variante que gira a la izquierda.

12.300 / 0.575
Cruce, hemos de coger el ramal que sigue junto al río.

12.410 / 0.465
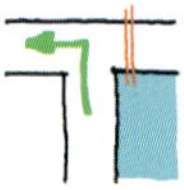
Puente sobre el Manzanares, hemos de girar a la izquierda, ahora utilizaremos la misma ruta que utilizamos al empezar.

12.875 / 0.000
Puerta de acceso que usamos para entrar y fin de nuestra ruta

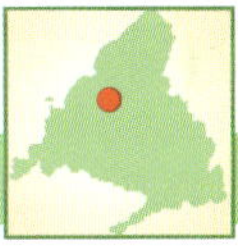

18.- PARQUE REGIONAL CUENCA ALTA DEL MANZANARES.
Hoya de San Blas - Miraflores de la Sierra

Preciosa zona dentro de los límites del Parque Regional de la Cuenca Alta del Manzanares, ideal para bicicleta, senderismo, observación de aves,... es de agradecer que sea menos conocida que la Pedriza y por ello no está masificado.

En la parte alta de la ruta circularemos por una zona de robledales y pinares, tras salir a una zona más abierta podremos deleitarnos con unas vistas inmejorables.

En la parte más baja del recorrido hemos de tener precaución debido al transito de vehículos hacia fincas particulares. Esta parte baja del recorrido utiliza cañadas para completar la vuelta a la Hoya de San Blas.

Camino a la Hoya de San Blas

Ficha de Ruta

Situación: Circularemos por la Hoya de San Blas dividida entre los municipios de Miraflores de la Sierra y Soto del Real (antes Chozas de la Sierra) en la zona central de la sierra del Guadarrama.

Acceso: En vehículo particular por la carretera M-607, rodeando Colmenar Viejo y Soto del Real. Cuando llegamos al pueblo de Miraflores de la Sierra hemos de seguir las indicaciones de Puerto Morcuera, posteriormente hay un cruce en Y (unos 500 m. desde la plaza principal de la localidad) en el cual hay un indicativo hacia la izquierda Fuente del Cura, que es nuestro destino. Se llama Travesía de la Fuente del Cura, y circularemos entre casas hasta llegar al área recreativa. Tras pasar el puente sobre el río Guadalix, a la derecha, hay un aparcamiento..

Longitud: 17.875 metros la ruta completa. Admite atajos y ampliaciones.

Otros usuarios: Senderistas, jinetes.

Desnivel: 300 metros.

Tipo de firme: Cañada. Pistas de asfalto, de tierra suelta o piedra.

Dificultad: Por sus características, hace que sea una ruta sólo apta para mayores.

Cartografía: 509-I y 509 C.N.I.G. / 509 C.G.E. / Guadarrama y Sierra Norte T.V.

Observaciones: Perfecta para realizar en primavera u otoño, cuando el campo está en su esplendor o el color del otoño invade los robledales.

Medio natural a destacar: El 12 de octubre de 1930 se declaraba la Pedriza Sitio de Interés Natural "por la singularidad de su belleza, de su agreste roquedo granítico,...", posteriormente en 1978 fue declarada Parque Natural, en 1985 Parque Regional de la Cuenca Alta del Manzanares, en 1992 la UNESCO la declaró Reserva de la Biosfera y en 1995 declarada Bien de Interés Cultural (por los yacimientos de la edad de bronce encontrados). En la actualidad se está trabajando para crear el Parque Nacional del Guadarrama, donde La Pedriza estaría incluida.

Patrimonio cultural a destacar: Iglesia de la Asunción (S.XV) construida de mampostería y sillares en las esquinas, ha sido ampliada a lo largo de los siglos. El retablo original se realizó entre 1557 y 1566, fue destruido durante la guerra civil ya que la iglesia fue utilizada como almacén. Pasear por las calles y contemplar el álamo de Miraflores (seco hace ya años) al que el poeta Vicente Aleixandre dedicara alguno de sus versos.

Información adicional:

Ayuntamiento de Miraflores de la Sierra	918 443 017
Ayuntamiento de Soto del Real	918 476 004
Ayuntamiento de Manzanares el Real	918 558 740
Refugio de Soto del Real	917 201 165 (D.G. Juventud)
Centro Educación Ambiental-Manzanares	918 539 978
SEO - Birdlife	914 340 910 www.seo.org
Vías pecuarias	www.madrid.org/ceconomia

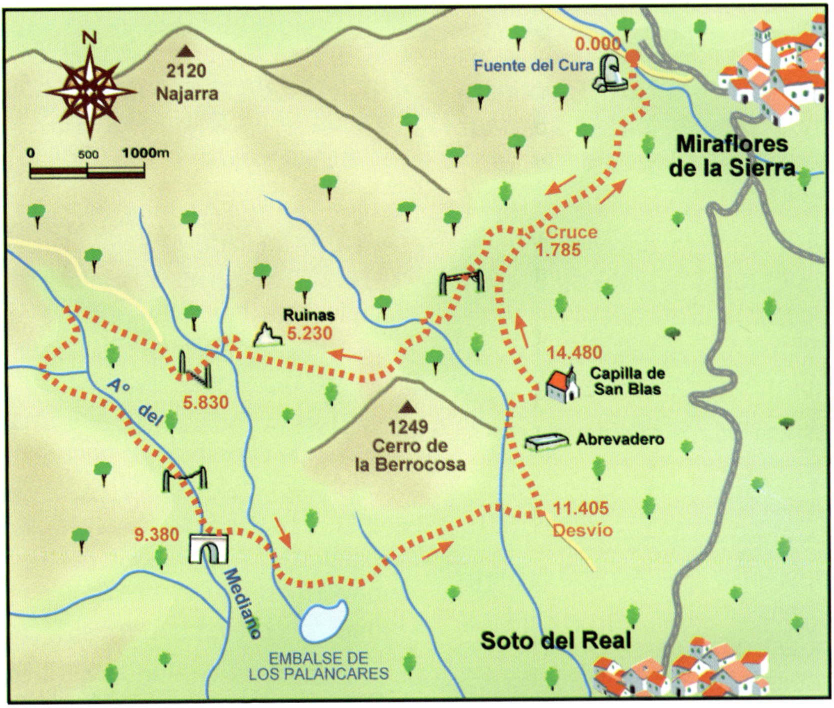

0.000 / 17.875
Aparcamiento del área recreativa Fuente del Cura, a las afueras de Miraflores de la Sierra (antaño llamado Porquerizas hasta noviembre de 1627). Junto al puente iniciamos nuestra ruta en ligero ascenso, por un bonito robledal.

De frente y hacia la izquierda, por un tramo de pista as-

faltada es el camino que hemos de seguir para dirigirnos a la Hoya de San Blas.

0.565 / 17.310
Fin del asfalto, continuamos por la pista principal, siempre en ligero ascenso.

1.005 / 16.870
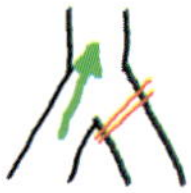
A nuestra derecha tenemos una pista de acceso a una caseta perteneciente al Ayuntamiento de Miraflores de la Sierra.
Depósito de agua.

1.110 / 16.765

A nuestra izquierda surge una pista en descenso que accede a Miraflores, tenemos ahora a nuestra izquierda un precioso robledal.

1.785 / 16.090

Cruce importante, hemos de coger el ramal derecho, el ramal izquierdo en descenso es el que utilizaremos al regreso.

Al fondo a la derecha vemos los pinares de repoblación.
A los 270 metros pasaremos sobre el arroyo del Espino, aunque si la ruta la realizamos en verano o en época muy seca quizás no nos demos cuenta.

2.295 / 15.580

Hemos de coger el ramal derecho, el izquierdo en descenso no nos es útil. El nuestro sigue en ligero ascenso.

2.375 / 15.500

El ramal de la derecha que en un principio está hormigonado no lo usaremos, hemos de seguir por la pista que llevamos.
En frente nuestro vemos una señal de prohibido el paso excepto vehículos autorizados, y a la derecha una señal de vía pecuaria. A los pocos metros hay un ramal a la izquierda que no aprovecharemos.
Hasta ahora hemos venido por el P.R. M-11, en este punto se une al P.R. M-12 y ambos suben hasta el puerto de la Morcuera que queda a nuestra derecha. Este tramo de P.R. es conocido como el camino de la nieve.

2.545 / 15.330
Barrera y paso canadiense, continuamos. Desde este punto mantenemos el robledal a nuestra izquierda y a nuestra derecha tenemos pinar.

2.610 / 15.265

La pista que surge a nuestra derecha y que en un principio tiene una serie de zetas para remontar la fuerte pendiente es la que se dirige al puerto de la Morcuera. Nosotros continuamos por la pista que llevamos.

2.865 / 15.010
Pasamos bajo una línea de tendido eléctrico y sobre un cortafuegos. Ya estamos rodeados de pinar, si miramos hacia abajo veremos parte del robledal.
A los pocos metros sale a la derecha un carril en subida que nos conduciría a unas chorreras del arroyo que en breve cruzáremos, no usaremos el carril.

3.120 / 14.755
En esta curva fuerte a iz-

Hoya de San Blas. Paso canadiense. 5.830 m desde el inicio de la ruta quierdas pasamos sobre el arroyo de San Blas.

4.200 / 13.675

Hacia atrás y a la izquierda vemos un carril con una cadena para evitar el paso. Seguimos en subida.

4.320 / 13.555

Cartel indicativo Parque Regional de la Cuenca Alta del Manzanares.

5.230 / 12.645

Casa en ruinas a nuestra derecha.

5.830 / 12.045

Paso canadiense. Ahora empezaremos a bajar rápidamente.

Estamos en el punto culminante de nuestra ruta con 1.327 metros de altura y unas vistas únicas, desde aquí podemos observar de izquierda a derecha la parte trasera del Yelmo (semioculta tras el risco de los fantasmas), collado de la Dehesilla, la Torre de los Buitres, collado de la Ventana, Cerro de los Hoyos, las Torres, peña Linderas, Asómate de Hoyos (bajo este pico de la Cuerda Larga tenemos Hoyo Cerrado), y casi al norte nuestro (aunque no visible) la Najarra.

5.860 / 12.015

La pista de la derecha no la usaremos a no ser que queramos subir 5 kms para posteriormente volver a bajarlo, aunque las vistas merezcan la pena.

6.975 / 10.900

Curva fuerte a izquierda, pasamos sobre el arroyo del Mediano.

7.695 / 10.180

Sobrepasamos el arroyo del Matasanos, que unos metros más abajo se une al arroyo del Mediano.

9.050 / 8.825

Tras la bajada, en algunos momentos bastante peligrosa debido a los trabajos selvícolas, llegamos a una cancela para impedir el paso de vehículos no autorizados.

A partir de este momento puede que tengamos algún vehículo que acceda hasta aquí o se dirija a las fincas del entorno de nuestra ruta.

9.380 / 8.495
Pasamos sobre el arroyo del Mediano. Junto a éste vemos una zona de aparcamiento.
Seguimos bajando junto al arroyo para tras girar llegar a unas construcciones.

9.990 / 7.885
Construcciones: la de la izquierda es un hórreo, más propio de otras latitudes que de ésta en la que nos encontramos.

10.800 / 7.075
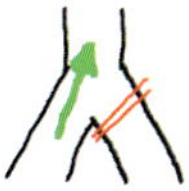
Seguimos de frente, ahora tenemos a nuestra derecha el embalse de Palancares del Mediano, a la izquierda veremos la Najarra y detrás nuestro la Pedriza.

11.040 / 6.835
El camino que sale a nuestra izquierda, no nos resulta útil, hemos de proseguir de frente.

11.405 / 6.470
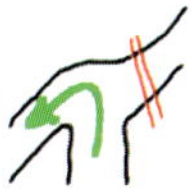
Curva fuerte a la izquierda hemos de girar a la izquierda, es un tramo rodeado entre fincas con vallas de piedra.
Rodamos hacia el cerro de la Berrocosa, punto que anteriormente hemos rodeado por el norte, ahora lo rodearemos por el sur para dirigirnos a la capilla de San Blas.

11.570 / 6.305
Paso canadiense, proseguimos el G.R. 10 (pintado con pintura blanca y roja), vamos por un tramo de cañada flanqueado por tapias. Durante este tramo tras el punto anterior, no tenemos riesgo de pérdida hasta el próximo cruce.

12.640 / 5.235

Continuamos por la derecha, el ramal

izquierdo da acceso a una finca particular.

A los 40 metros, aproximadamente, comienza un tramo con asfalto. Hemos de continuar hasta topar con un cruce en el que hay un cartel que nos indica a Finca Jacaranda.

13.260 / 4.615

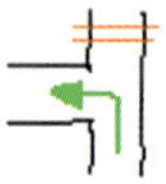

Seguimos las marcas del G.R. 10 y como ayuda tenemos que seguir la señal hacia la Finca Jacaranda, seguimos rodando por una vía pecuaria.

13.750 / 4.125

Puerta de la hacienda Jacaranda. Continuamos de frente.

14.300 / 3.575

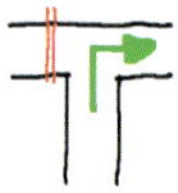

Tras dejar a nuestra derecha un abrevadero, y tras él en una pequeña loma la capilla de San Blas, hemos de girar a la derecha.

14.480 / 3.395

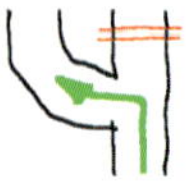

Tras una construcción de piedra a nues-

tra izquierda tenemos una pista en subida que hemos de coger (también vemos un tendido eléctrico).

Si nos fijamos en este cruce hay señales que nos indican el camino que hemos usado, de frente vemos un paso canadiense y una marca del G.R. el cual abandonamos para seguir hacia arriba utilizando este tramo de cordel, denominado como P.R. M-12, que desde Soto del Real se dirige al puerto de la Morcuera.

16.090 / 1.785

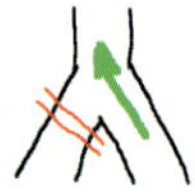

Por fin, después de la subida llegamos al punto donde comienza nuestra bajada, por la pista que trajimos al principio de la ruta.

17.875 / 0.000

Área recreativa Fuente del Cura y fin de nuestra ruta por un paraje excepcional.

19.- PARQUE REGIONAL DEL RÍO GUADARRAMA

R-19

Lamentablemente más que Parque Regional deberían llamarle Parque Residual, debido a la dejadez o desidia por parte de Ayuntamientos y Comunidad de Madrid de proteger, restaurar y mantener este espacio natural, que precisamente se creó con ese fin.

La situación de este enclave permite unir esta ruta con la 25: Vía Verde del Guadarrama.

Este río, que da nombre a la sierra proviene del árabe Wad Ad Ramal (río de arena), denota su gran importancia a lo largo de la historia como así lo atestiguan los numerosos asentamientos, cerca de nuestra ruta se encuentran las ruinas de Calatalifa.

Carril toledano

Ficha de Ruta

Situación: En el nexo de unión de los municipios de Móstoles, Villaviciosa de Odón, Navalcarnero y El Álamo. En la zona oeste de la Comunidad de Madrid.

Acceso: Hasta la futura construcción de un tren ligero (metro) o una línea de cercanías, la única forma de acceder es en vehículo propio. Por la A-5, tras dejar atrás Móstoles y un conocido centro comercial y de ocio, la carretera baja hasta el puente del río Guadarrama y justo detrás del puente sale una carretera a la derecha, la cogemos y nuevamente giramos a la derecha para pasar bajo la A-5 y aparcar junto a una tienda de muebles. También podemos estacionar en Parque Coimbra y utilizar la ampliación descrita al final de la ruta.

Longitud: 18.680 m la ruta completa. No admite atajos, solo acortarla.

Otros usuarios: Senderistas, jinetes.

Desnivel: 50 m, la cota más alta la tenemos en El Álamo, la más baja en la bifurcación a los 5.230 m que nos aleja del río Guadarrama.

Tipo de firme: Pistas con tierra suelta y piedras así como un tramo de cañada y un tramo urbano.

Dificultad: Ninguna salvo el posible paso de vehículos o el tramo urbano que vamos a recorrer. El enlace con Parque Coimbra implica posibles perdidas en la subida desde el río a la urbanización.

Cartografía: 581 C.G.E. / 581 C.N.I.G.

Observaciones: Actualmente en la orilla izquierda (orográfica), junto al Parque Coimbra hay un gran número de viviendas sin ningún tipo de orden. El aspecto desde el punto de vista paisajístico es lamentable, así como la limpieza de la zona inicial de nuestra ruta y del entorno. Esperemos que la Comunidad de Madrid haga algo para restaurar la orilla y los márgenes del río, al menos desde el punto de vista ecológico.

Medio natural a destacar: La vegetación y la fauna que podremos observar en algunos tramos cercanos al río o en los campos de los alrededores de El Álamo. También usaremos parte de una cañada.

Patrimonio cultural a destacar: Aguas arriba en la orilla izquierda (orográfica) se encuentran las ruinas de Calatalifa. Un antiguo despoblado con restos de una antigua muralla y piezas de cerámica lo que indica que hubo un asentamiento musulmán desde el siglo X. Formaba parte de la línea defensiva islámica que comunicaba con Toledo aunque no era sólo un puesto defensivo, sino que era en sí toda una población. En la ofensiva que llevó a cabo Alfonso VI para reconquistar Toledo en 1086, Calatalifa quedó casi despoblado y posteriormente se abandonó.

Información adicional:

Ayuntamiento de Mostoles	916 647 500	
Ayuntamiento de El Álamo	918 482 004 / 750	
SEO - Birdlife	914 340 910	www.seo.org
RENFE	902 240 202	
Consorcio Regional de Transportes	915 804 260	www.ctm-madrid.es
Vías pecuarias		www.madrid.org/ceconomia

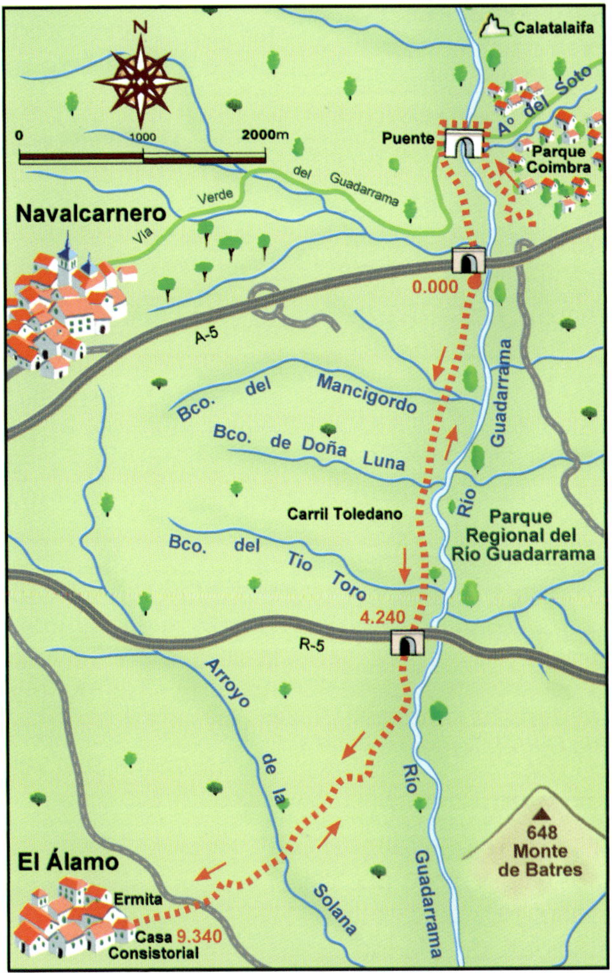

0.000 / 18.680

Comenzamos tras haber estacionado junto a un establecimiento de muebles cercano a la A-5.

Nos hemos de dirigir hacia el sur dejando tras nosotros la carretera y el río Guadarrama a nuestra izquierda, aunque apenas se vea en algunos momentos. Estamos recorriendo el llamado Carril Toledano.

0.115 / 18.565

Cruce marcado con un monolito como el resto de los cruces que nos encontraremos. Parte hacia nuestra derecha el camino del Cuartillejo.

También podremos ver carteles hacia un centro hípico. Nosotros hemos de proseguir siempre el Carril Toledano. Unos 550 metros más adelante tenemos la papelera del centro, situada a nuestra izquierda.

0.785 / 17.895

A nuestra derecha tenemos una subestación eléctrica.

0.990 /17.690

A nuestra derecha hay una pista denominada vereda del Carril Toledano. Hay un cartel de la Comunidad de Madrid indicando que son terrenos no urbanizables de protección y en caso de incumplimiento serán demolidos y sancionados.

1.490 / 17.190

Seguimos de frente, a la derecha el camino de Mancigordo. Éste se dirige a la parte posterior de un cercano centro penitenciario desde aquí no visible.

Posteriormente pasamos sobre el barranco del mismo nombre.

1.875 / 16.805

Tras un pequeño repecho llegamos a un paraje denominado del Torreón y a la derecha tenemos el camino de los Almendrucos. Nosotros continuamos de frente.

2.160 / 16.520

Paraje Llanos de Pellica, a la derecha la vereda del Torreón.

Recordar que estamos circulando por una pista que puede ser usada por vehículos a motor. Precaución.

2.505 / 16.175

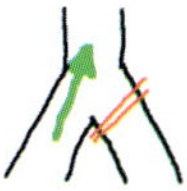

A la derecha la Barranca de Doña Luna, también conocido como del Molino.

2.835 / 15.845

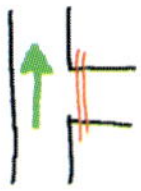

Vereda de López a nuestra derecha. Proseguimos sin desviarnos.

3.220 / 15.460

Vereda del Potrito a la derecha, también veremos cerca un depósito de agua.

3.690 / 14.990

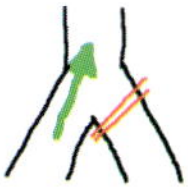

Por nuestra derecha aparece el camino del Molino.

4.240 / 14.440

Nuevo hito que nos indica el Carril Toledano que es el que estamos usando, a la derecha tenemos el camino del Arco. Tras esta señal tenemos a escasos 15 metros la R-5 bajo la cual pasamos.

4.645 / 14.035

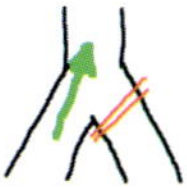

Junto al barranco del Cómico hay ubicada una empresa de horticultura, a los pocos metros tenemos la vereda de la Esparragera que surge a nuestra derecha.

5.230 / 13.450

Paraje de los Chorrillos, en este punto el hito marca que nuestro camino es Camino de Madrid-Carril Toledano y el de la izquierda Carril Toledano. Proseguimos ahora por la derecha que se dirige ahora en terreno llano y luego en ligero ascenso a El Álamo. Iremos por el Camino de Madrid.

5.815 / 12.865

Paraje de las Dehesillas, a la derecha tenemos la vereda de los Chorrillos junto a una finca vallada.

6.010 / 12.670

Acceso a finca por nuestra izquierda.

6.575 / 12.105

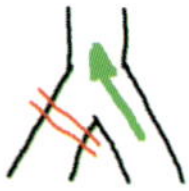

Continuamos por el camino que llevamos, nos acompañaran desde ahora postes de tendido eléctrico y al fondo ya podemos ver El Álamo.

6.780 / 11.900

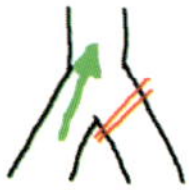

Paraje de las Dehesillas, el ramal que sale por la derecha se llama Carrera Ancha.

7.000 / 11.680

Paraje del Orreón, venimos por el camino de Madrid, a la izquierda sale el camino de los Yeseros. Continuamos dirigiéndonos hacia El Álamo.

7.155 / 11.525

Paraje de las Dehesillas, a los pocos metros comienza un tramo asfaltado que se dirige al polígono de las afueras, acabamos de pasar bajo la línea del tendido eléctrico. Ligera bajada y un pinar a nuestra izquierda, pasaremos sobre el arroyo de la Solana y una chopera, más adelante pasaremos por una antigua noria situada a nuestra izquierda.

7.505 / 11.175

Por nuestra izquierda tenemos una vía asfaltada a la que no prestamos atención.

8.115 / 10.565

Pequeña glorieta en la entrada al polígono, pasaremos con precaución ya que es una zona industrial y no hay un paso habilitado para bicicletas.

8.470 / 10.210

Esta glorieta es la más peligrosa, por la derecha hay un paso de cebra que nos permite acceder al casco urbano de El Álamo. Vamos a cruzar la vía de circunvalación de la M-404 que une Griñón con Navalcarnero.

8.840 / 9.840

Ermita de la Soledad y el humilladero, construido en recuerdo del paso de los restos de San Isidro, cuando Felipe IV mando trasladarlos hasta la localidad de Casarrubios en Toledo para que le curara. Según cuentan, la comitiva hizo noche y depositó el cuerpo del santo en la Ermita de la Soledad, situada a nuestra izquierda junto a un parque que la engalana.

9.135 / 9.545

Cruce de la Avenida de Madrid con la Avenida de Toledo.

9.340 / 9.340

Casa Consistorial y fin de nuestra ruta, tras un merecido descanso, ahora desandaremos con nuestras bicicletas el camino recorrido para recuperar nuestro vehículo.

ENLACE CON PARQUE COIMBRA.

Sólo se detalla la ida hasta el principio de la ruta

0.000 / 3.690

Entramos al Parque Coimbra por la salida 25 de la A-5 justo después del centro comercial y antes de bajar al río Guadarrama.

La avenida por la que entramos se llama de los Rosales y nada más entrar vemos a la izquierda una pequeña plaza llamada de las Coníferas, hemos de estacionar en las inmediaciones. Cualquiera de las calles cortadas al tráfico que surgen a la izquierda bajan hasta el río, luego únicamente hay que girar a la derecha y remontarlo a través de una zona de viviendas ilegales. Se recomienda seguir las indicaciones de la ruta.

Con suma precaución hemos de bajar por la calle urbanizada de las Encinas y posteriormente al llegar a un cruce (110 metros) coger a la izquierda la calle de los Arces.

0.730 / 2.960

Abandonamos la urbanización y giramos a la izquierda para coger una calle no urbanizada y cortada al tráfico, en descenso nos dirige al río.

0.970 / 2.720

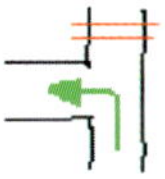

Llegamos a un pequeño barranco y torcemos a la izquierda para continuar bajando.

Ahora llegamos a una zona de viviendas, hemos de girar a la derecha y continuar por la calle principal llamada Paseo del Río.

1.415 / 2.275
Pasamos sobre el arroyo del Soto, continuamos.

1.620 / 2.070
Puente sobre el río Guadarrama, lo cruzamos con precaución debido al mal estado en que se encuentra aunque han instalado unas pequeñas vallas de protección.

1.850 / 1.840
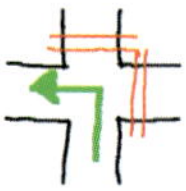
Llegamos a un cruce con un tramo asfaltado (en mal estado) giramos a la izquierda y seguimos el mismo rumbo que el río, circulando en paralelo a él.
De frente llegaríamos a la abandonada estación del Río Guadarrama, a la derecha continua durante un rato más el asfalto y posteriormente se queda en pista de tierra para llegar a la carretera M-501 cerca de Villaviciosa de Odón. Este tramo es peligroso al haber circulación constante de vehículos y no disponer de arcén.

3.260 / 0.430
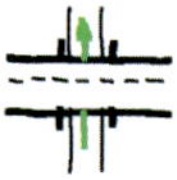
Giramos a la izquierda para pasar bajo la A-5.

3.690 / 0.000
Establecimiento de venta de mobiliario, y punto de partida de la ruta para aquellos que accedan en vehículo hasta aquí.

R-20

20.- PARQUE REGIONAL DEL SURESTE. CORTADOS DEL JARAMA
Tren de Arganda - Laguna del Campillo - Rivas

El conocido como tren de Arganda que fue utilizado durante muchos años hasta que el progreso y la velocidad de los coches lo suplantaron, permanece muy arraigado en la zona y en dichos populares (El tren de Arganda que pita más que anda).

Actualmente se ha creado en La Poveda un museo del Ferrocarril y se está restaurando su estación. El tren de Arganda se está utilizando como tren turístico, el cual nos permite descubrir esta zona de la Comunidad de Madrid incluida en el Parque Regional del Sureste desde otro punto de vista histórico y natural.

Puente del antiguo ferrocarril sobre el Jarama

Ficha de Ruta

Situación: En el Parque Regional del Sureste, pasaremos por los términos municipales de Arganda y Rivas en la ribera del río Jarama en el Sureste de la Comunidad de Madrid.

Acceso: En Metro, en la línea 9 hasta Arganda, el retorno igualmente en metro pero lo cogeremos en Rivas.

En vehículo propio por la A-3 hasta Rivas, en el aparcamiento del mismo dejaremos nuestro vehículo, para allí coger el metro hasta Arganda.

Longitud: 12.040 metros la ruta completa. Admite atajos (no completar la vuelta a la laguna del Campillo).

Otros usuarios: Senderistas, ornitólogos, fotógrafos de naturaleza.

Tipo de firme: Paseo urbano acondicionado, asfalto, pistas de tierra y camino.

Dificultad: El paso por el puente del antiguo ferrocarril se ha de hacer con mucha precaución.

Ruta larga pero se puede acortar y teniendo en cuenta el tipo de firme hacen que sea una ruta apta para todos.

Cartografía: 583 C.G.E. / 583 C.N.I.G.

Observaciones: Se puede realizar en cualquier época del año evitando los rigores del verano y del invierno. En invierno es muy recomendable por el gran número de aves invernantes que podemos llegar a observar.

Medio natural a destacar: Laguna del Campillo, que se encuentra incluida en el Catálogo de Humedales de la Comunidad de Madrid (B.O.C.M. 1991), considerada como Zona de Reserva Natural (zona B) dentro del Parque Regional del Sureste por Ley 6/1994 (B.O.C.M. 1994).

Patrimonio cultural a destacar: Antiguo ferrocarril del Tajuña, "Tren de Arganda", este tren que a lo largo de sus cien años de historia pasó de tren de viajeros a tren minero (en 1998 fue clausurado) y al ahora rehabilitado como tren turístico. Museo del Tren, situado en la avenida de la Azucarera 4, 6 y 8 en un polígono de la Poveda. Horario de 11 a 14, los trenes 11:30 / 12:30 / 13:30 los domingos.

Información adicional:

Ayunt. de Arganda del Rey	918 711 344	
Ayunt. de Rivas - Vaciamadrid	916 602 700	
SEO - Birdlife	914 340 910	www.seo.org
Información Ambiental	901 525 525	medioambiente.madrid.org
F. Ferrocarriles Españoles		www.viasverdes.com
Metro de Madrid	915 552 909	
C. E. A. El Campillo	600 508 638	
Amigos del ciclismo		www.amigosdelciclismo.com

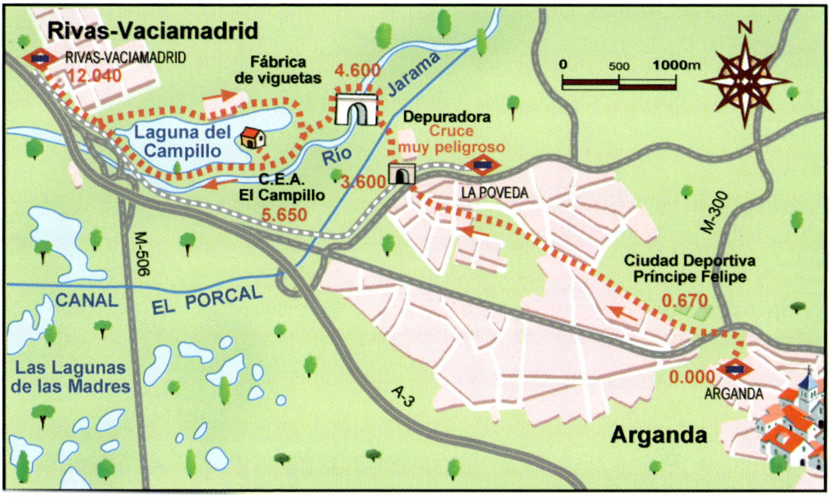

0.000 / 12.040

Salida del Metro de Arganda, salimos hacia la izquierda hacia el aparcamiento en dirección a un edificio con la fachada amarilla. Al final del parking giramos a la izquierda siguiendo la loma que vemos a nuestra izquierda para rodearla. Pasaremos por la que fue la antigua vía férrea hoy irreconocible.

Rodaremos junto a un campo de fútbol.

A los trescientos metros vemos una rotonda con un monumento en forma de cubos, seguimos en línea recta y ya veremos una parte del carril bici. Al llegar al cruce de la

carretera, tenemos un paso inferior o, si preferimos, un paso de cebra. En frente tenemos la ciudad deportiva Príncipe Felipe y a su izquierda se ve el carril bici construido sobre la antigua vía.

0.400 / 11.640
Cogemos el paso inferior.
Giramos a la izquierda y hemos de entrar dentro del complejo deportivo debido a que la vía ciclista está en construcción.
Dentro del complejo deportivo hemos de salir de éste a la altura de las pistas de paddel, hacia la izquierda.

0.670 / 11.370
Puerta del polideportivo, giramos a la derecha ya sobre la vía que vamos a realizar pintada con color rojo, a partir de aquí es en ligera bajada.
A nuestra derecha tenemos chales y a la izquierda un polígono.

0.870 / 11.170
Cruce con carretera, precaución.
Durante nuestro rodar tendremos zonas de descanso, bancos y fuentes. Incluso este paseo está iluminado por las noches.

2.180 / 9.860
Cruce con una carretera, pasamos y seguimos por nuestra vía, no por la pista que está a la derecha.
A la derecha continúa el polígono y a la izquierda tenemos olivares, viñedos, y descampados, solo serán durante unos metros.

2.740 / 9.300
Nuevo cruce de carretera. Entramos en la zona urbanizada de la Poveda con chalés a nuestra derecha y edificios a la izquierda.

3.180 / 8.860
Cruce, sin peligro, con vía peatonal. Desde aquí la vía esta muy acondicionada con farolas y vegetación.

3.600 / 8.440
Fin de la vía acondicionada, llegamos a

una fuente ornamental y al cruce de la carretera. Este cruce es muy peligroso, a nuestra derecha tenemos un paso de cebra regulado por un semáforo.

De frente tenemos el apeadero del tren de la Poveda. Indicativo Vapor Madrid, Ayuntamiento de Arganda. Actualmente en reconstrucción la carbonera, aseos y anden de pasajeros.

Si continuáramos hacia la derecha llegaríamos a la parada de metro de la Poveda. Cruzamos con mucha precaución y circularemos muy atentos ya que desde este punto y hasta que pasemos la depuradora es un tramo con trafico compartido. Dejamos el apeadero a nuestra derecha.

3.900 / 8.140

Pasamos bajo la línea de metro Madrid-Arganda. A nuestra derecha tenemos la vía férrea y el apeadero de la Poveda. Continuamos de frente viendo los cortados del Jarama.

4.200 / 7.840

Depuradora de la Poveda. Continuamos por su izquier-

Antiguo ferrocarril

da para rodearla. A la derecha hay un depósito de agua contaminada.

4.400 / 7.640
Pequeño aparcamiento. Cogemos el camino que sale a la derecha que va pegado al camino de la depuradora, al lado de la torre del tendido eléctrico. Hemos de seguir el camino principal sin coger ninguno secundario.
Al cabo de 100 m escasos veremos el puente de hierro que salva el río Jarama.

4.600 / 7.440
Estamos en el puente del antiguo ferrocarril, se puede pasar por una pequeña pla-

taforma habilitada para ello, hemos de tener mucha precaución con los pequeños.

4.660 / 7.380
Fin del puente. Cogemos el camino que hay a la izquierda paralelo al río.

5.300 / 6.740

Cruce, tomamos el ramal de la izquierda.

5.630 / 6.410
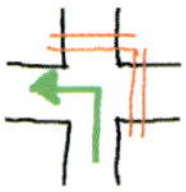
Llegamos a un cruce con una pista muy amplia y enfrente tene-

Laguna del Campillo

mos otra pequeña pista. Giramos a nuestra izquierda.

5.650 / 6.390
Nos encontramos en el Centro el Campillo, perteneciente al Parque Regional del Sureste, bien merece una visita tranquila. En este centro nos informarán sobre la fauna, vegetación, las características de la laguna, así como su proceso de formación. Durante nuestra visita podremos ver calamones, somormujos, martín pescador, pato cuchara, porrones, fochas, garzas, cormoranes, garcilla bueyera,... Tras la visita al centro, a la salida, en la puerta cogeremos la pista hacia la derecha para ahora rodear la laguna.

6.840 / 5.200
Cruce en T, el ramal izquierdo pasa bajo la vía férrea, el de la derecha es el que cogeremos para poder rodear la laguna. Estamos junto a un vivero.

6.860 / 5.180
Fin de la vía férrea situada a nuestra derecha, a nuestra izquierda

Vía rehabilitada en Arganda

esta el camino que nos llevaría a Rivas (le cogeremos a la vuelta).
Seguimos pegados a la vía férrea dejando a nuestra izquierda los cantiles de yeso. Hemos de coger el camino de tierra que está a su derecha y que recorre el perímetro de la laguna.
Estamos rodeando la laguna del Campillo. Merece la pena parar en alguno de sus miradores y dejarnos maravillar

con la mera contemplación de la avifauna y escuchar tranquilamente el sonido de los habitantes de esta laguna. A destacar en cuanto a la aves autóctonas: halcón peregrino, garza real, ánade real, pato cuchara, cormorán grande, pato colorado, somormujo lavanco y milano negro.

7.380 / 4.660
Fábrica de vigas. Seguimos rodeando la laguna por el camino.

8.500 / 3.540
Cogemos el ramal derecho.

9.280 / 2.760
Llegamos nuevamente a la puerta del Centro "El Campillo".
Seguiremos el mismo recorrido realizado anteriormente hasta la vía férrea y al cruce descrito como P.K. 6.860 en el cual cogeremos el ramal izquierdo.

Como referencia a partir de ahora tendremos siempre a nuestra izquierda la vía del metro hasta llegar a la estación de Rivas Vaciamadrid.
En los primeros metros está con asfalto en malas condiciones pero enseguida ya es carretera con circulación de vehículos. Mucha precaución.

11.090 / 0.950
Sale una calle a la derecha, seguimos por la carretera que llevamos.

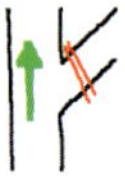

11.870 / 0.170
Rotonda, enfrente tenemos ya la estación de metro y el aparcamiento, cruzaremos por la derecha por el paso de cebra teniendo mucho cuidado.
Si observamos el cartel indicador de metro veremos unos curiosos habitantes.

12.040 / 0.000
Aparcamiento y estación de metro de Rivas-Vaciamadrid L-9, fin de la ruta.

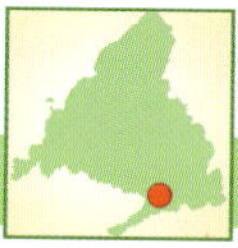

21.- RESERVA NATURAL EL REGAJAL. MAR DE ONTÍGOLA. Aranjuez

R-21

El Mar de Ontígola surgió en 1568 cuando Felipe II mandó construir la laguna de Ontígola sobre el arroyo del mismo nombre, y varios canales para el riego de los jardines de la Isla en Aranjuez.

Se construyó con tierra y unos años más tarde hubo de ser reconstruido. En 1625 se construyó una isleta y en ella un pabellón para diversión de los reyes donde hacían fiestas, navegaban o practicaban la caza.

Llegó a tener un área de 38 Km. cuadrados aunque actualmente hay poco más de 14 de los cuales escasos 7 Km. cuadrados son de agua permanente debido a los sedimentos.

Esta laguna constituye un espacio natural de los más interesantes de la Comunidad de Madrid (el segundo humedal en extensión) y un refugio de fauna donde podemos ver garzas reales, aguilucho lagunero, somormujo lavanco, porrón común o ánade real. En cuanto a su vegetación los más destacados son los juncos, mimbreras, carrizos, sauces, tomillos y tarayes.

El Regajal es otro de los espacios naturales a destacar de la zona debido a la variedad de lepidópteros (mariposas) que se encuentran en la zona tanto de especies endémicas como en peligro de extinción.

Ficha de Ruta

Situación: En el término municipal de Aranjuez en la zona sur de Madrid.

Acceso: En tren desde Atocha en la línea C-3.

En vehículo propio por la A-4 hasta coger el desvío de la antigua nacional IV para una vez entrado en el casco urbano, cruzar el Puente de Barcas y pasar la Plaza de Santiago Rusiñol, giramos a derechas para rodear por la derecha la Plaza de San Antonio y tras pasar la Casa de Oficios, (antes de pasar bajo el arco que hay de frente), girar a derechas para coger la Calle de San Antonio y al finalizar esta, coger la carretera de Toledo y girar a la derecha para, cogiendo la calle de la Estación, llegar a ella.

También en vehículo propio por la A-4 hasta el P.K. 50 y cogiendo la antigua N-IV volver hasta Aranjuez y estacionar nuestro vehículo en la estación.

Longitud: 10.790 metros la ruta completa. Admite atajos, también ampliaciones.

Otros usuarios: Senderistas.

Desnivel: Prácticamente nulo.

Tipo de firme: Tramo urbano, pistas asfaltadas, pistas con tierra suelta y piedra.

Dificultad: Nula.

Cartografía: 605 IV o 605 C.N.I.G. y 605 C.G.E.

Observaciones: Se puede unir con la ruta de los Jardines de Aranjuez. Si nuestra intención es observar aves lo mejor es venir en invierno aunque en primavera y otoño tampoco son malas épocas para disfrutar de esta ruta. A descartar los días extremadamente calurosos del verano.

Medio natural a destacar: Los Paseos Históricos (Aranjuez fue declarado Paisaje Cultural Patrimonio Mundial por la UNESCO en el 2001). Parque Regional de los cursos bajos de los ríos Manzanares y Jarama. También hay dos ZEPA (Zona de Especial Protección para las Aves).

Patrimonio cultural a destacar: Ver información de la ruta Jardines de Aranjuez.

Información adicional:

Ayuntamiento de Aranjuez	918 090 360	www.aranjuez.es
Centro de interpretación de la ciudad	918 910 427	www.aranjuez.net
SEO - Birdlife	914 340 910	www.seo.org

C. E. A. El Regajal – Mar de Ontígola	918 011 417
RENFE	902 240 202
Consorcio Regional de Transportes	915 804 260
	www.ctm-madrid.es

0.000 / 10.790

Partiremos de la estación de tren de Aranjuez al igual que en la ruta de los jardines de Aranjuez.

Salimos de la estación y con precaución cruzamos el aparcamiento para dirigimos a la salida por la calle que vemos al fondo a la derecha.

0.240 / 10.550

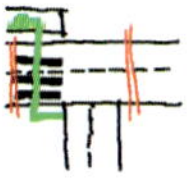

Precaución hemos de cruzar y coger el camino asfaltado que hay al otro lado hacia la izquierda. Este carril asfaltado nos llevará hacia el Palacio Real.

0.445 / 10.345

Cruzamos la calle de Jacinto Guerrero.

0.745 / 10.045
Cruce con la calle de San Antonio, seguimos de frente por la Avenida de Palacio. Tendremos ahora a nuestra derecha el Palacete de Silvela.

0.880 / 9.910
Caseta de información. Junto a ésta, sale un trenecito turístico que recorre la localidad, partiendo de la calle del Palacio de Silvela.
Delante tenemos la majestuosa entrada al palacio Real, pero el acceso se encuentra a su derecha en la galería porticada por la cual pasaremos a continuación.

1.040 / 9.750
Entrada al Palacio Real de Aranjuez.

1.130 / 9.660
Pasamos bajo los arcos, a nuestra izquierda está el acceso al Jardín de la Isla y del Parterre, ambos, nos están vedados a los ciclistas. Estos jardines del S. XVI al XVIII poseen conceptos de jardinería tan variados como italianos, flamencos y musulmanes, aunque el Parterre es de estilo francés.
A la derecha tenemos ahora la casa de oficios y la casa de los caballeros.

1.220 / 9.570
Llegamos a la esquina noroeste de la Plaza de San Antonio en cuyo centro se encuentra la Fuente de la Mariblanca.
Al fondo vemos la Iglesia de San Antonio empezada en 1750 y acabada en 1753.

1.445 / 9.345
Fin de la plaza, pasamos bajo un arco junto a la Real Capilla de San Antonio.
Seguimos nuestro rumbo en línea recta sin desviarnos ni coger ninguna de las calles que cruzaremos, hemos de estar muy atentos ya que circulamos por un casco urbano.
Tras pasar bajo la arcada estamos subiendo por la calle de la Florida, en ella una parte de la acera la han pintado igual que los carriles bici, con el color rojo característico.

1.575 / 9.215
Cruce con la calle del Gobernador.

Unos metros más adelante tendremos un nuevo cruce y a nuestra derecha tendremos una parque infantil.

1.680 / 9.110
Cruce con la calle San Pascual.

1.805 / 8.985
Cruce con calle de la Rosa.

1.945 /8.845
Cruce con la calle de la Calandria.

1.980 / 8.810
Cruce con la calle de Bailén.

2.055 / 8.735
Cruce con calle García Lorca. En este cruce finaliza el carril bici, hemos de seguir hasta la glorieta.

2.180 / 8.610
Aparece nuevamente el carril bici, junto a esta glorieta. Hemos de girar a la izquierda sin cruzar la calle. En paralelo al paseo del Deleite.

2.255 / 8.535

Cruce, hemos de cruzar y rodear por los pasos de cebra para diri-

Mar de Ontígola

girnos hacia la gasolinera que tenemos a nuestra derecha. Estamos rodeando la Glorieta de Le Pecq Sur Seine.

En vez de acceder a la gasolinera y tras cruzar la calle del Capitan, hemos de girar a la izquierda.

2.360 / 8.430

Cruce con la calle denominada Camino de Ontígola, giramos a la derecha y remontamos la calle.

2.705 / 8.085

Tras esta subida llegamos a una pequeña rotonda, en este punto hemos de prestar mucha atención, puesto que si seguimos de frente la carretera de Ontígola, que es como pasa a denominarse ahora, no dispone ni de arcén ni de paso para las bicicletas, por lo que es mejor girar a la derecha y con mucha precaución dirigirnos a nuestro destino, pasando por una zona industrial.

Esta calle llamada camino de Mar Chico es la que hemos de usar.

A nuestro lado tenemos un alberque de Cáritas denominado San Vicente de Paúl usado como centro de día y talleres ocupacionales.

3.090 / 7.700

Glorieta de Carlos Richer López y fin de la zona industrial.

Tras un concesionario de coches, hay una señal que nos indica nuestro rumbo, la pista tiene tramos de arena pero no tiene ningún tipo de pérdida, ahora remontaremos el arroyo de Ontígola que se surte del desagüe del "mar".

La vegetación que nos acompaña en este tramo, como el carrizo o los tarayes cuya floración primaveral en tonos rosáceos hace inconfundibles a estos pequeños árboles, hacen de éste un perfecto escondite para los mamíferos, las aves,...

3.500 / 7.290

Llegamos a la presa del Mar de Ontígola. El lugar merece el máximo silencio para poder admirar la avifauna que lo habita como aguilucho lagunero, garza real, cerceta común, pato cuchara, focha común, somormujo lavanco, ánade real, pato colorado, ánade silbon, porrón común, polla de agua, avefría,...

Giramos a la izquierda por la zona del cortado de yeso, para poder observar la vegetación característica de los cortados como el esparto, así como la vegetación de ribera y algún pino de repoblación.

Se ha de tener cuidado por este camino, el cual acaba junto a la carretera de Ontígola tras 225 metros, lo que nos obliga a retornar por el mismo camino.

3.950 / 6.840

De vuelta al punto anterior tenemos que girar en el dique, para rodear la laguna, a la izquierda, para poder llegar al mirador, excelente atalaya sobre la laguna. Mucha precaución durante el último tramo debido a que rodaremos sobre un talud del ferrocarril.

4.435 /6.355

Llegamos al observatorio de la laguna, donde con calma y en silencio podremos deleitar nuestros oídos y ojos en este paraje cargado de historia, donde quizás nos sea un poco complicado ima-

ginar como serían aquellas fiestas y demás eventos organizados para deleite de la corte de Felipe II.
Vuelta por el mismo camino.

4.920 / 5.870
De retorno al dique, giramos a la izquierda para volver a Aranjuez por el camino que trajimos a la venida. Aunque sea en dirección prohibida el tramo del polígono, siempre y con mucha precaución, será más seguro que bajar por la antigua carretera N-IV por donde los vehículos circulan a gran velocidad.
Bajamos por el camino del Mar Chico hasta el P.K. 2.705 de la ruta que trajimos.

6.240 / 4.550
Nos encontramos nuevamente junto al Paseo del Deleite, esquina con la calle de la Florida, en el punto marcado como P.K. 2.180.
Ahora, hemos de girar a la izquierda, cruzar el Paseo y tomar el carril bici que se encuentra al otro lado y girar a la derecha para pasar junto al Polideportivo.

6.420 / 4.370
Giramos a la izquierda para ascender por la calle del Regajal.

6.580 / 4.210
Llegamos al Centro de Educación Ambiental de la Reserva Natural El Regajal – Mar de Ontígola. Se recomienda llamar previamente por teléfono.
Tras la visita, bajamos de nuevo hasta el paseo y giramos a la izquierda, para llegar a la glorieta de José Segundo de Lema.

6.815 / 3.975
Glorieta. Cruzamos por el paso de cebra y bajamos por la calle de Valera, que nos conducirá directamente hasta la puerta del Palacio Real de Aranjuez.

6.930 / 3.860
Pasamos el cruce de la calle Río Tajuña.

6.980 / 3.810
Cruce de la calle Río Lozoya.

7.065 / 3.725
Atravesamos la calle Bailén.

7.415 / 3.375
A la derecha tenemos la calle de San Pascual. Tras ella sobrepasaremos la calle Abastos.

7.550 / 3.240
Calle del Gobernador.

7.665 / 3.125
Calle de San Antonio, si la usáramos hacia la derecha llegaríamos a la Casa de los Caballeros y tras pasar sus arcos a la capilla de San Antonio, por la que pasamos a la ida.

7.895 / 2.895
Puerta de acceso del Palacio Real, hemos de girar a la izquierda para dirigirnos al punto de información.

8.065 / 2.725
Caseta de información. Podemos retomar el camino a la estación o dar la vuelta que se propone para ver un poco más de esta localidad. Rodeamos el jardín de la entrada del Palacio para dirigirnos al río Tajo, concretamente al canal que se construyó para derivar parte de sus aguas y cerrar por el sur el acceso al Jardín de la Isla.

8.330 /2.460
Confluencia del Tajo con el Palacio Real de Aranjuez, estamos en el punto donde el acceso al palacio está prohibido, junto a este punto y siguiendo el río hay un paseo que seguiremos.

8.530 / 2.260
A nuestra derecha hay un puente de acceso al Jardín de la Isla, pero se encuentra cerrado al paso del público.

8.820 / 1.970
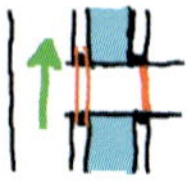
Nuevo puente de acceso, también clausurado. Seguimos por la pista más cercana al canal, que en breve confluirá con el río Tajo, a la izquierda sale la calle de Madrid.

9.065/ 1.725
A nuestra derecha tenemos la unión de las aguas del canal con las del río del cual fueron derivadas.
A la izquierda la calle de los Reales Guardias Españoles, bonito paseo bajo la sombra de los plátanos. Continuamos

y ahora la pista gira a derechas para posteriormente girar bruscamente a izquierdas.

9.265 / 1.525
Desembocamos en la explanada de la glorieta llamada plaza de los Coroneles, a su derecha vemos un paso bajo la vía férrea que no usaremos ya que se dirige a una zona industrial.
Este paseo se dirige en línea recta a la puerta de acceso al Palacio y al llegar a la entrada giraremos a la derecha

para llegar a la caseta de información.

9.910 / 0.880
Caseta de información. Desde este punto retomar el camino que usamos desde el tren hasta aquí y finalizar nuestra ruta.

10.790 / 0.000
Estación de tren de Aranjuez.

22.- VALLE DE LA FUENFRÍA. Cercedilla

La pronta declaración del Parque Nacional del Guadarrama (justa por su alto valor ecológico e histórico) incluirá dentro de su ámbito el Valle de la Fuenfría. Lamentablemente las localidades próximas al futuro P.N. están construyendo a una velocidad impresionante antes de que la nueva legislación se lo prohíba, lo que esta derivando en una sobrepoblación.

Valle ligado a la historia como muestran las huellas del tiempo plasmadas en su calzada romana, su inicio en la época romántica del montañismo, descrito con letras de oro por grandes escritores de múltiples generaciones, retratado por pintores de todas las épocas y admirado por todos los que hemos recorrido sus caminos y profundizado en sus entrañas.

Protege bajo sus pinares en la parte alta y sus robledales en la parte baja una gran variedad de especies animales y vegetales. Está prohibido coger o recolectar plantas, rocas,...

Carretera de la República

Ficha de Ruta

Situación: En el término municipal de Cercedilla en la sierra de Guadarrama.

Acceso: En tren hasta la localidad de Cercedilla, línea C-8b.
En vehículo propio por la A-6 hasta coger el desvío dirección puerto de Navacerrada. Tras pasar la localidad de Navacerrada coger a la izquierda la carretera que nos conduce hasta la localidad de Cercedilla, la cual atravesaremos hasta llegar a la estación de ferrocarril.

Longitud: 25.575 metros.

Otros usuarios: Senderistas.

Desnivel: 1.796 metros la cota máxima en el puerto de la Fuenfría y 1.150 en el acceso a la urbanización Bella Vista al poco de comenzar la ruta.

Tipo de firme: Pistas de tierra y piedra suelta y tramos de carretera asfaltado.

Dificultad: Ruta con innumerables posibilidades de ampliarla o reducirla hacen que sea apta para casi todos. La ruta descrita sólo es apta para los más mayores.

Cartografía: 508 C.N.I.G. / 508 C.G.E. / Guadarrama T.V.

Observaciones: Solo podemos circular por las pistas, no esta permitido circular con bicicletas por la calzada romana ni por caminos o fuera de ellos.

Medio natural a destacar: Valle de la Fuenfría que estará englobado dentro del futuro Parque Nacional del Guadarrama, dentro del mismo parque se encuentran entre otros lugares la Pedriza, Peñalara, Siete Picos, Cuerda Larga,... merecedores de una protección tanto tiempo reclamada.

Patrimonio cultural a destacar: La calzada romana data del S.I siendo emperador Vespasiano y comunicaba Titulcia con Segovia. Durante el reinado de Felipe V parte del trazado se deriva hacia la Granja de San Ildefonso. Con la apertura del puerto del León (1750) y posteriormente la carretera del puerto de Navacerrada (1856) hacen que la ruta fuera abandonada.
Visitar con calma el municipio ya que cuenta aparte de la calzada romana, con puentes romanos, iglesia románica, ermitas, plaza mayor, fuentes, potro de herrar...

Información adicional:

Ayuntamiento de Cercedilla 918 525 740

SEO - Birdlife	914 340 910	www.seo.org
RENFE	902 240 202	
Tren de la Naturaleza	915 066 356	
Consorcio Reg. Transportes	915 804 260	www.ctm-madrid.es
Vías pecuarias		www.madrid.org/ceconomia
Albergue "Las Dehesas"	918 520 135	
Albergue "Villa Castora"	918 520 334	
C. E. A. Valle de Fuenfría	918 522 213	

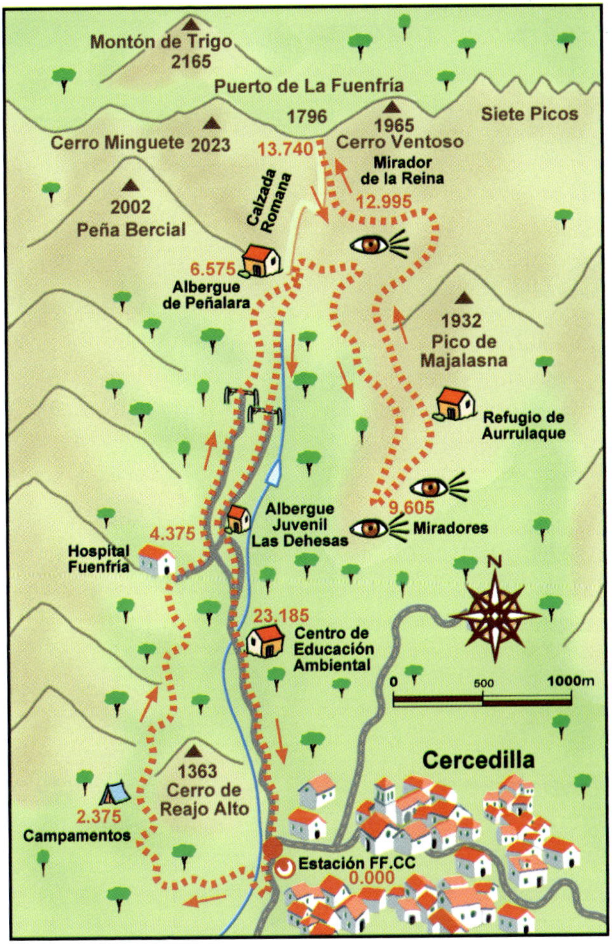

0.000 / 25.575

Estación de Cercedilla salimos de ella y giramos a la izquierda por carretera.

0.115 / 25.460

Pasar bajo la vía férrea y sobre un puente romano, tenemos a la derecha la urbanización Bella Vista. La primera calle de la derecha nos indica calle cortada.
Subimos por la segunda calle de la derecha.

0.310 / 25.265

Hemos de seguir siempre las indicaciones a los Campamentos.
Seguimos en subida, es dura pero nos recompensará al llegar a los antiguos campamentos, donde llanearemos hasta el Sanatorio de la Fuenfría.
Pasaremos en unos metros sobre la boca de salida del túnel del ferrocarril, sentido Segovia.

0.735 / 24.840

Giramos a la derecha, en breve el asfalto desaparecerá para dar paso a una pista de tierra.
En la parte baja del valle de la Fuenfría tenemos bosque

de roble rebollo (*Quercus pyrenaica*), y en la parte más alta del valle el dominante es el pino silvestre (*Pinus silvestres*).

0.855 / 24.720

En este cruce hemos de girar a la izquierda, a la derecha veremos una barrera, este es el conocido como camino de Purricelli, una muy buena alternativa para los caminantes que bajan del valle de la Fuenfría y quieren evitar la carretera.
Podemos ver un cartel que nos indica Carretera de la República.

1.400 / 24.175

Paso canadiense.

1.495 / 24.080

Seguimos la pista, sin desviarnos por la pista que surge a la izquierda. Posteriormente habrá otro cruce similar, hemos de seguir siempre por la pista que llevamos.

2.315 / 23.260
Seguimos por la pista sin desviarnos y llegar a los antiguos campamentos, próximos al lugar en que nos encontramos.

2.375 / 23.200
Estamos junto a unas construcciones, a la derecha durante la época estival, sobre el collado donde se ubicaban los antiguos campamentos, se utiliza como helipuerto. Al fondo hay una torre de vigilancia de incendios.
Desde este collado la vista del Puerto de la Fuenfría, el valle y Siete Picos son inmejorables.
En las inmediaciones tenemos el cerro del Hornillo, donde se ubicaba una antigua mina de cobre.

2.585 / 22.990
Arroyo del Collado del Rey, tras el una barrera para preservar la pista de vehículos.

3.000 / 22.575
Construcción a nuestro lado.

3.335 / 22.240
Pasamos sobre el arroyo del Butrón.

4.205 / 21.370
Unos metros antes nos ha estado acompañando una valla metálica a nuestra dere-

Antiguos campamentos

cha. Ahora hemos de pasar por un paso canadiense.

4.275 / 21.300

Cancela, todas las que nos encontramos en nuestros recorridos las hemos de dejar siempre cerradas.
A nuestra izquierda ya vemos el hospital de la Fuenfría, y un poco más adelante a la derecha tenemos unas construcciones y la carretera que da acceso al hospital.

4.375 / 21.200

Estamos en un cruce junto a la puerta de acceso para ambulancias al hospital, a la derecha tenemos la carretera que baja hacia la parte baja de la Fuenfría y al centro de educación ambiental.
Hemos de seguir de frente e internarnos entre el pinar, hay un camino al principio poco claro pero es la ruta que hemos de seguir para evitar el asfalto.

4.485 / 21.090

Llegamos nuevamente a otro tramo asfaltado, junto al arroyo Pedregoso. Tenemos que continuar el rumbo que llevamos por el asfalto hasta el chalet de Peñalara (albergue de la R.S.E.A. Peñalara). Unos metros más adelante pasaremos junto a la residencia Lucas Olazábal, que es la Escuela de Ingenieros de Montes.

5.105 / 20.470

Cruzamos sobre el arroyo de Pinolubero a la derecha, más abajo, tenemos un aparcamiento.
Tenemos que continuar por la carretera que llevamos con precaución aunque tiene mucho menos tráfico en comparación con la carretera que en paralelo a la nuestra circula por una cota más baja a nuestra derecha.

5.295 / 20.280

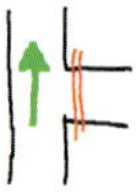

A la derecha sale una pequeña carretera que da acceso a los aparcamientos.
Continuamos y a los 50 metros tras pasar sobre el arroyo de Majavilán, tenemos una barrera, pasamos y ya sin problemas de vehículos a motor subimos hasta el albergue de Peñalara.

5.510 / 20.065
Paso canadiense.

6.190 / 19.385
Puente sobre el arroyo Marichiva.

6.575 / 19.000

Fin del asfalto. Cruce importante, estamos junto a la calzada romana que salva el puerto de la Fuenfría, a la derecha tenemos el camino de descenso a Cercedilla.
Hemos de coger el ramal de la izquierda que en ascenso y a los pocos metros (20m) nos deja tras una barrera en la carretera de la República, pista de tierra que vamos a utilizar. Recordar que está prohibido circular en bicicleta por la calzada romana.
A pocos metros, vemos a la izquierda una pista que da acceso al albergue de Peñalara.
En este tramo vamos a pasar sobre un nuevo puente de los que jalonan nuestra ruta y salvan los numerosos arroyos de la zona, circularemos junto a la calzada romana y podremos observar entre el pinar de pino silvestre algún ejemplar de tejo (*Taxus bacatta*) y espino albar (*Crataegus monogyma*).
Para aquellos que deseen pueden girar a derecha y bajar con lo que continuaríamos con la descripción como si lleváramos 20.885 metros. Pero les remordería la conciencia por no haber accedido al puerto con sólo un poco más de esfuerzo, ya que la ruta en moderado ascenso bien merece la pena.

7.285 / 18.290

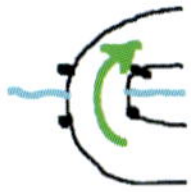

La pista que en este momento es horizontal hace un giro brusco a la derecha y cruzamos sobre el arroyo de la Navazuela, nada más pasar el puente vemos un indicador que nos indica que a 400 metros se encuentra la "ducha de los Alemanes", es un camino solo para caminantes, proseguimos por la pista sin desviarnos.

7.885 / 17.690
Estamos sobre el arroyo de los Acebos, el nombre viene dado por unos preciosos

ejemplares de esbelto porte. A su vez podemos admirar brezos (*Erica arbórea*) o tejos (*Taxus bacatta*).

9.605 / 15.970

Tras haber ascendido por la carretera de la República deleitándonos con las vistas, que se abren a nuestra derecha, del fondo del valle y tras una curva a izquierdas llegamos junto al mirador de Vicente Aleixandre (inaugurado en 1984), punto de merecido descanso para reponer fuerzas tras este ascenso y el siguiente tramo que nos queda hasta coronar el puerto de la Fuenfría.

"Sobre esta cima solitaria os miro,/ campos que nunca volveréis por mis ojos./ Piedra de sol inmensa eterno mundo,/ Y el ruiseñor tan débil que en su borde hechiza".

Vicente Aleixandre.

Texto inscrito sobre una gran piedra al lado del mirador.
Un poco más abajo podemos ver el mirador de Luis Rosales.

10.095 / 15.480

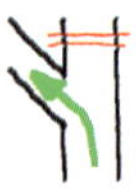

A la izquierda tenemos un camino que accede (en apenas 30 metros) al reloj de sol dedicado al premio Nóbel de literatura D. Camilo José Cela, que como dice una inscripción adjunta a él: *"A Cela caminante de la sierra de Guadarrama antes que Nobel"*, hace mención a su afición a recorrer estos caminos que plasmara posteriormente en sus obras como por ejemplo en "Cuadernos del Guadarrama".
Tras abandonar el reloj, continuamos por la pista también denominada de los miradores en la que como hemos podido comprobar se homenajea a personajes ilustres vinculados a nuestra sierra. También hay un monumento a los primeros caminantes, y una encina en honor a Giner de los Ríos promotor de la escuela libre de enseñanza y promotor de una nueva idea de enseñanza y respeto a la naturaleza.

10.445 / 15.130

Estamos en el paraje de Aurrulaque, junto a la fuente-refugio del mismo nombre. Hasta este punto y desde 1984 se realiza la marcha montañera "Aurrulaque" en el que se homenajea a diversas personas vinculadas a la sierra de Guadarrama. Seguimos por la pista en cómodo ascenso hasta el puerto de la Fuenfría, disfrutando de las vistas tanto del valle como de Siete Picos, puerto de Navacerrada, Bola del Mundo o puerto de la Fuenfría entre otros lugares de gran interés.

12.305 / 13.270
Nuevamente pasamos sobre el arroyo de la Navazuela.

12.995 / 12.580
Mirador de la Reina. Excelentes vistas del valle de la Fuenfría.

13.740 / 11.835
Coronamos al fin el puerto, con sus 1.796 metros. Ha merecido la pena para tener bajo nuestros pies hacia el norte los montes de Valsaín, al sur Fuenfría y unos metros más altos que nosotros tenemos al este Cerro Ventoso y Siete Picos, y al oeste Cerro

Carretera de la República

Minguete y tras él Montón de Trigo y la Mujer Muerta.
Cerca de nuestra posición siguiendo un tramo de pista hacia el noroeste vemos un hito del camino de Santiago que nos indica que "tan sólo" nos quedan 599 Km para llegar a su catedral.
A la derecha parte un camino llamado Senda de los Cospes y a los pocos metros tenemos la fuente de Fuenfría.
Tras descansar, bajamos por el mismo camino hasta la barrera que se encuentra a los 6.595 metros, justo donde acababa el asfalto que usamos a la subida. Todo la ruta restante es en bajada.

20.885 / 4.690

Llegamos otra vez a la barrera y a la encrucijada de caminos, calzada, asfalto,...
Tenemos que coger la pista que se dirige hacia el sur en línea recta, no utilizaremos el tramo asfaltado que utilizamos a la subida.
Más adelante se convierte en carretera de tráfico compartido, muchísima precaución ya que no existe arcén y sólo a partir del C.E.A. existe una acera para ir con los más pequeños.

23.185 / 2.390

Centro de educación ambiental Valle de la Fuenfría. Bajamos los próximos kilómetros con suma cautela, la velocidad puede ser muy alta y si bajamos por la carretera ésta soporta mucho tráfico los fines de semana. Por la acera, mucho cuidado y recordar que tienen preferencia los peatones.

25.375 / 0.200

Cruce, proseguimos bajando en dirección a la estación de Cercedilla.

25.575 / 0.000

Estación de tren y fin de nuestra ruta.
El único rastro de nuestro paso por aquí ha de ser el recuerdo y las fotos realizadas.

23.- VÍA CICLISTA DE RASCAFRÍA.
El Paular - Las Presillas - Purgatorio

Pedalearemos en esta ruta por la cabecera del río Lozoya. En ella descubriremos rincones increíbles, tales como la cascada más alta de la Comunidad de Madrid, o el Monasterio de El Paular.

En la cercana localidad de Pinilla del Valle se han encontrado en el yacimiento del paraje del Calvero de la Higuera los restos del que quizás sea el primer madrileño.

El recorrido transcurre a través de bosques de robles, pinares... en cuanto a la fauna de este grato rincón cabe destacar el buitre, águila real, zorro, gineta, jabalí,...

Monasterio de El Paular desde el Puente del Perdón

Ficha de Ruta

Situación: Valle alto del Lozoya, Sierra Norte de Madrid.

Acceso: Vehículo propio. Ctra. A-1. En el P.K. 69 desvío Ctra. M-604 hasta Rascafría.

Longitud: 13.500 metros la ruta completa, pudiendo acortarse según las necesidades debido a que el tramo más duro es lineal.

Otros usuarios: Personas con movilidad reducida y patinadores por la vía ciclista descrita en el retorno. Desde Rascafría al puente del Perdón y al área recreativa las Presillas, buen firme (asfalto) el resto de la ruta pista en buen estado con tramos un poco peores al principio de la ruta descrita.

Desnivel: 160 metros.

Tipo de firme: Asfalto y pista de tierra.

Dificultad: Dependiendo de si la hacemos completa, entonces será dificultad media, ó sin embargo si realizamos sólo hasta las Presillas la dificultad es muy baja.

Cartografía: 483-IV C.N.I.G. / 483 S.G.E. / Guadarrama y S. Norte T.V.

Observaciones: Precaución ya que la pista puede ser utilizada por vehículos a motor.

Medio natural a destacar: En el término municipal de Lozoya, río abajo de Rascafria, sobre el cerro del Chaparral, se encuentra el único bosque de sabina albar de la Comunidad de Madrid.

La cascada del Purgatorio, la más alta de la Comunidad de Madrid, enclavada en un precioso paraje.

Patrimonio cultural a destacar: Monasterio del Paular (S. XIV) visitas 12, 13, 17 H. Jueves cerrado. 13, 18, 20 H. Domingos y festivos. Puente del Perdón S. XIV. La iglesia del siglo XVI es de estilo gótico renacentista.

Recomendaciones: Llevar bañadores y cadenas para atar las bicicletas si queremos bañarnos en las Presillas o también por si queremos subir andando hasta la cascada del Purgatorio.

Información adicional:

Ayuntamiento de Rascafría	918 691 450
Monasterio Santa María del Paular	918 691 425
Centro de información del Puente del Perdón	918 691 757

Enfrente al Monasterio del Paular, junto al puente del Perdón.

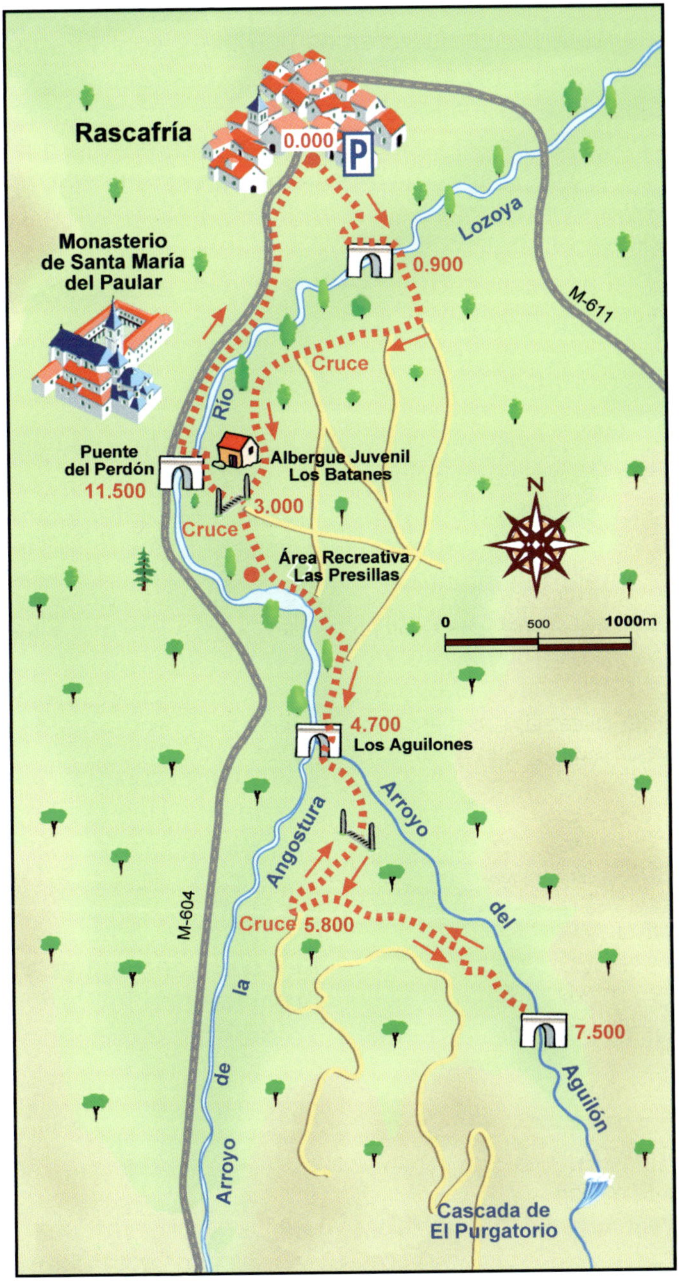
Rascafría
0.000
P
Monasterio
de Santa María
del Paular
Lozoya
0.900
M-611
Cruce
Río
Puente
del Perdón
11.500
Albergue Juvenil
Los Batanes
3.000
Cruce
N
Área Recreativa
Las Presillas
0
500
1000m
4.700
Los Aguilones
Arroyo
Angostura
del
Cruce 5.800
M-604
la
7.500
de
Aguilón
Arroyo
Cascada de
El Purgatorio

Al atravesar Rascafría veremos una plaza con un árbol en su centro, éste se plantó hace pocos años para reemplazar un viejo olmo (en Rascafría a los olmos viejos los llaman olmas) de 300 años. Continuar por la calle principal, rebasamos un quiosco de información y cruzamos un pequeño arroyo, a la izquierda hay un aparcamiento (junto a un parque infantil), en el cual dejaremos nuestro vehículo.

Junto al aparcamiento está el servicio de urgencias y a su lado izquierdo la calle por la cual retornaremos.

0.000 / 13.500
Parking frente a urgencias, junto al cauce del arroyo Artiñuelo. Al otro lado del mismo hay un parque infantil.
Cogemos la calle que siguiendo hacia el sudeste (calle abajo) nos saca del casco urbano, al principio por asfalto y a continuación por pista.

0.700 / 12.800
Báscula y a los pocos metros un pequeño puente.

0.800 / 12.700

Construcciones ganaderas, continuamos por la pista de la derecha.

0.900 / 12.600
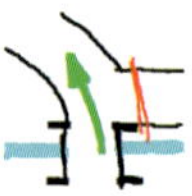
Continuando por la pista principal, cruzamos un puente de hormigón sobre el río Lozoya o arroyo de la Angostura. Sus aguas limpias y sus vistas invitan a la contemplación.
Tras el puente hay una pista a la derecha que NO cogemos. La pista principal inicia un ligero ascenso.

1.200 / 12.300
Fin de la subida, estamos junto a un repetidor de T.V.
Seguimos siempre por la pista principal.

1.500 / 12.000
Derecha tenemos un almacén de materiales de construcción. A la izquierda estiércol para abono.
La pista por la que estamos circulando es de firme irregular y piedras sueltas.

1.600 / 11.900

Llegamos a una encrucijada con unos

robles, seguimos por la derecha. Ahora nuestro camino esta rodeado de fincas y bajo la sombra de los robles melojos, por su porte sabemos que en esta zona eran usados para el carboneo.

2.200 / 11.300

Explanada y cruce, nosotros seguimos de frente.

3.000 / 10.500

Llegamos a la carretera (cortada al tráfico) que une el puente del Perdón con el área recreativa de las Presillas, en este punto giramos a la izquierda siguiendo dicha carretera.

Este tramo de la ruta hasta las Presillas es coincidente con el de bajada, sólo que en el de bajada atravesaremos el paso canadiense que tenemos a nuestra derecha y continuaremos hacia el puente del Perdón, pero eso ya se explicara más adelante, cuando volvamos.

3.400 / 10.100

Cruce, seguimos de frente, a la derecha nos conduciría al aparcamiento de las Presillas.

Arroyo Aguilón

3.500 / 10.000
Las Presillas, área recreativa. Está acondicionada para el baño gracias a pequeñas presas sobre el cauce del arroyo de la Angostura. Cuenta con aparcamiento de bicicletas, chiringuito y unas preciosas praderas que invitan al relax o al juego.
En verano muchos madrileños hartos del calor estival vienen a refrescarse en tan idílico lugar.
Nosotros continuamos por el camino que llevamos, el cual nos llevará al punto más alto de nuestra ruta. Para los más pequeños o perezosos quizás sea mejor quedarse aquí y bañarse, jugar...
La carretera se convierte en buena pista con pequeñas piedras sueltas.
Pasamos un paso canadiense y siguiendo la pista principal veremos carteles de la R.V. 6 (Ruta Verde) que lleva al puerto de la Morcuera. Estas indicaciones las seguiremos hasta encontrar más arriba el cartel indicador "Cascada del Purgatorio".

3.900 / 9.600
A nuestra izquierda veremos un cercado para ganado.

4.300 / 9.200

Continuamos pista principal siguiendo señales R.V. 6 – Cascada del Purgatorio. La pista que surge a la izquierda no es apta para nuestra ruta.

4.500 / 9.000
Casas de los Aguilones.

4.700 / 8.800
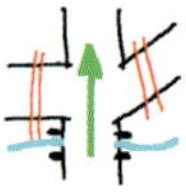
Puente sobre el arroyo Aguilón (cemento), sigamos la pista principal de frente.

5.200 / 8.300
Paso canadiense, precaución al pasar.

5.800 / 7.700
Cruce giramos a la izquierda junto al panel informativo "Cascada del Purgatorio". La pista de buen firme continúa en ligero ascenso, con preciosas vistas del Valle del Lozoya y en especial del Monasterio del Paular y de Rascafría.

6.800 / 6.700
Carril a la izquierda, no coger, seguir por la pista principal.

6.900 / 6.600
Comienza la bajada. Precaución, cercado con ganado a la izquierda.

7.500 / 4.000

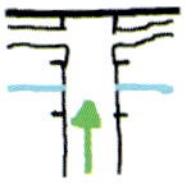

Puente sobre el arroyo Aguilón. Bonito entorno y aguas frescas, limpias.

Para aquellos que tengan ganas de aventura, se aconseja atar las bicis y continuar por un sendero que hay tras el puente hacia la derecha que nos remonta arroyo arriba hasta las cascadas del Purgatorio. Este paseo de apenas 30 minutos merece la pena al ser uno de los parajes más interesantes de la Comunidad de Madrid.

Para los mayores, se puede realizar el descenso por el camino que tras pasar la cancela verde situada al otro lado del puente, a la izquierda, nos llevara por un sendero trialero para las bicis (no siempre ciclable y solo para expertos) al cruce del P.K. 4,3 de la subida, a continuación llegaríamos al área recreativa.

Para el resto el retorno hasta el área recreativa se hará por el mismo camino por el cual hemos subido hasta ahora.

Tras el merecido descanso y el esparcimiento en el área recreativa continuaremos nuestra ruta, bajando por la carretera hasta el paso canadiense.

11.100 / 2.400

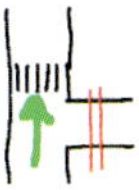

Situados en dicho paso vemos a la derecha una pista, está fue la

Arroyo Aguilón

ruta de ascenso que trajimos al principio. Nosotros continuamos de frente atravesando el paso canadiense con precaución y ya directos al Puente del Perdón.

A nuestra derecha está el Albergue Juvenil Los Batanes, perteneciente a la REAJ. Una buena idea sería pasar la noche en él y al día siguiente recorrer la pista del Arroyo de la Angostura.

11.500 / 2.000

Puente del Perdón.

En este puente hace siglos se decidía si dar o no una última oportunidad de perdón a los reos que tras juicio se les conducía a la casa de la horca muy cerca de donde nos encontramos.

Enfrente una preciosa vista del Monasterio del Paular.

Tras atravesar el puente a su izquierda se encuentra el centro de información cuya visita no nos defraudará ya que nos dará más datos sobre la naturaleza y la historia de este bonito enclave.

Nosotros giraremos a derecha donde cogeremos el carril bici que paralelo a la carretera nos conducirá a Rascafría y al punto de inicio de nuestra ruta.

Antes deberíamos pasar a contemplar con calma y detenimiento el monasterio donde monjes Benedictinos nos descubrirán algunos de sus secretos y de sus maravillas como por ejemplo el retablo de alabastro policromado del siglo XV, la Capilla, el reloj de sol, etc.

Actualmente una parte del monasterio es utilizado como hotel.

A los pocos metros de empezar esta vía tenemos a nuestra derecha el arboreto en honor a Giner de los Ríos, después un "bosque Finlandés".

13.400 / 0.100

Cementerio de Rascafría y entrada al pueblo.

13.500 / 0.000

Aparcamiento y final de nuestra ruta.

24.- VÍA VERDE DEL ALBERCHE. Navas del Rey

Recorrido por un proyecto ferroviario de los años 20 que se truncó tras la guerra civil. Partía desde Villamanta (donde enlazaba con el ferrocarril de Madrid a Almorox) hasta poco más de la localidad de Casavieja en Ávila.

Aún sin acabarse se inauguró, y para tan importante acto sólo existía el tramo entre Pelayos de la Presa y San Martín de Valdeiglesias. Los trenes fueron transportados hasta aquí en camiones.

Nunca llegaron a transitar los trenes en el tramo de Picadas y el tramo de vía fue desmantelado.

Embalse de Picadas

Ficha de Ruta

Situación: En el término municipal de Navas del Rey en la sierra oeste de Madrid.

Acceso: En vehículo propio por la A-5 hasta Navalcarnero, allí coger la M-507 dirección Villamanta y Aldea del Fresno. Al atravesar esta última localidad, continuar dirección Villa del Prado por la M-507 y a unos 2.000 m, tras cruzar el puente sobre el río Alberche, hemos de coger la carretera que sube a la presa de Picadas, donde aparcaremos tras cruzarla.

Longitud: 13.540 metros la ruta completa. No admite atajos. Aunque se puede continuar la vía hasta Pelayos de la Presa y San Martín de Valdeiglesias.

Otros usuarios: Senderistas, personas con movilidad reducida (apta con baches), jinetes.

Tipo de firme: Pista con tierra suelta, pasaremos por un túnel, dos puentes y cinco viaductos.

Dificultad: Baja, es una ruta apta para todo el mundo exceptuando algunos puntos peligrosos de la ruta como el paso por algunos viaductos con las barandillas rotas y la carencia de protecciones con el consiguiente riesgo de caída al agua para los más pequeños. El túnel lo podemos solucionar para los que no quieran entrar por la pista que lo rodea.

Cartografía: 557-IV C.N.I.G. / 557 C.G.E. / Sierra Oeste T.V.

Observaciones: Se puede realizar en cualquier época del año si bien en los días de mayor calor del verano puede estar muy masificada.
Se recomienda llevar luz frontal si queremos pasar por el túnel.

Medio natural a destacar: Valle de Picadas, en sus alrededores cría el águila imperial y el buitre negro así como otras especies muy significativas y en peligro. Su vegetación está predominada por el pino y la encina. Junto al puente que salva en Aldea del Fresno el río Alberche podemos contemplar la unión del Perales a este en un entorno natural fantástico con una vegetación y una fauna de ribera que necesita de protección y de control por la masificación que soporta en época estival.

Información adicional:

Ayunt. de Navas del Rey	918 482 004 / 750	
Ayunt. de Pelayos de la Presa	918 055 005	
Ayunt. de Aldea del Fresno	918 637 002	
SEO - Birdlife	914 340 910	www.seo.org
RENFE	902 240 202	
Consorcio Reg. Transportes	915 804 260	www.ctm-madrid.es
Vías pecuarias		www.madrid.org/ceconomia

0.000 / 13.540

Aparcamiento. Tras aparcar junto a las potentes bombas que elevan el agua hasta el trasvase por el canal de Picadas a Valmayor para suministrar de agua a la capital, continuamos la pista con las aguas del embalse de Picadas a nuestra izquierda.
En la barrera pondremos el cuentakilómetros a 0.000.

1.045 / 12.495

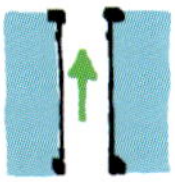

Primer viaducto construido para salvar el desfiladero de Picadas. Por la derecha de éste, vemos un barranco por el cual en época de lluvias surte al embalse de tan preciado liquido.

1.185 / 12.355

Fin del viaducto.

1.450 / 12.090

Inicio del segundo viaducto. A nuestra derecha el embalse recibe el agua del Arroyo de Jaranda.

1.485 / 12.055

Fin del viaducto.

2.070 / 11.470

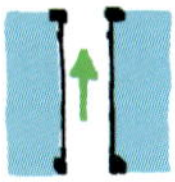

Tercer viaducto.

2.145 / 11.395
Fin del viaducto.

2.350 / 11.190

Cruce. El ramal de la derecha nos introduce en el túnel que se hubiese usado para poder pasar el tren por el desfiladero. El ramal izquierdo es una variante para pasar evitando el túnel. Si pasamos por el túnel es muy recomendable llevar luz frontal.
En esta ruta podemos pasar por el túnel a la ida y rodearlo a la vuelta, a los más pequeños les resultará divertido recrear el paso de un antiguo tren por el túnel.

2.400 / 11.140

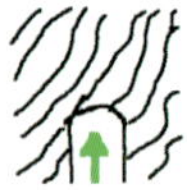

Boca del túnel. Mucha precaución.

2.580 / 10.960

Salida del túnel.
A escasos metros llegaremos a un cruce similar al de la entrada, nosotros hemos de seguir nuestro rodar de frente continuando con el embalse a nuestra izquierda.

2.740 / 10.800

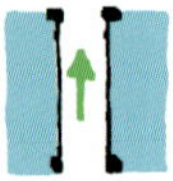

Cuarto viaducto de nuestra ruta. Por la derecha vemos el barranco del Monje.

2.785 / 10.755
Fin del viaducto.

3.410 / 10.130
Barrera para limitar el paso de vehículos a motor.

3.485 / 10.055

Antigua explanación para la estación de Navas del Rey. No se llegó a construir. A la derecha tenemos una pista en ligera subida que nos llevaría hasta la localidad de Navas del Rey, pasando antes por la urbanización del Cerro del Morro.
Esta pista sube por el llamado arroyo del barranco del Fresno.

3.615 / 9.925
Barrera para controlar el acceso de los vehículos que provienen de Navas del Rey.

3.670 / 9.870

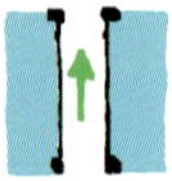

Puente que nos cambiará a la orilla

contraria del río, a la orilla derecha orográficamente hablando.

3.790 / 9.750
Fin del puente que nos ha situado en la otra orilla.

4.240 / 9.300
Quinto viaducto, a su izquierda vierte sus aguas el arroyo de Mataloros.

4.260 / 9.280
Fin del quinto y último viaducto de nuestra ruta.

6.075 / 7.465
Antigua estación, actualmente usada como almacén de piraguas.

6.155 / 7.385

Barrera para evitar el paso de vehículos a motor.
Hemos de seguir de frente manteniendo la altura y sIn coger el asfalto.
La pista asfaltada que tenemos a la derecha nos lleva a la carretera M-501, si quisiéramos continuar hasta Pelayos o San Martín se puede cruzar por este lado la carretera y unos metros más adelante coger de nuevo el trazado de la vía.

6.215 / 7.325

Puente sobre la pista asfaltada que da servicio a la depuradora, que tenemos debajo a nuestra izquierda, y que recorre la loma de las Labores.

6.280 / 7.260
Fin del puente. La desaparecida vía que estamos utilizando pierde parte de su trazado un poco más adelante, debido a la falta del puente que debía salvar la carretera M-501 (conocida como la carretera de los pantanos).

Viaducto

6.700 / 6.840

Cruce con un camino sin importancia, este tramo en el cual nos encontramos es muy peligroso puesto que estamos sobre la carretera, no es recomendable para los más pequeños debido al riesgo. Es preferible que se queden esperando o que acabemos la ruta cerca del puente que acabamos de pasar.

6.770 / 6.770

Fin de la vía, el retorno lo haremos por el mismo camino. Lo mejor sería si dispusiéramos de un vehículo de apoyo bajar por el camino que tenemos enfrente y que nos conduciría hasta la gasolinera, allí cruzar con sumo cuidado, para coger unos metros por detrás de ésta la continuación de la vía que nos llevaría a Pelayos de la Presa, pasando por las ruinas del Monasterio de los Bernardos de Pelayos (Abadía cisterciense del S. XIII) también conocido como Santa María la Real. También pasaremos por las ruinas de la estación de Pelayos.

Posteriormente alcanzaríamos la localidad de San Martín de Valdeiglesias (14 kilómetros desde la presa de Picadas) a la cual accedemos tras un ligero ascenso pasando por una zona de viñedos (son famosos sus caldos con denominación de origen). Llegaremos a la estación actualmente remodelada para uso público.

La vía continuaba más adelante, aún se puede seguir unos seis kilómetros que iban en dirección a Casavieja en Ávila.

Destaca en la localidad de San Martín de Valdeiglesias el castillo de Don Álvaro de Luna (S. XIV) y la iglesia de San Martín (S. XVI).

El retorno lo haremos por el mismo camino, para aquellos que hallan pasado por el túnel ahora pueden rodearlo por la derecha.

25.- VÍA VERDE DEL GUADARRAMA. Móstoles - Navalcarnero

La vía original arrancaba desde la estación de Goya y comunicaba Madrid con Almorox, a su vez, un ramal inconcluso se dirigía a Aldea del Fresno, Picadas (descrito en la ruta 24: Vía Verde del Alberche), San Martín de Valdeiglesias...

A lo largo de la historia ha sufrido modificaciones hasta el punto de que su tramo inicial desaparece y parte de su tramo medio ha sido reutilizado para la actual C-5.

Puente del desaparecido ferrocarril sobre el Guadarrama

Ficha de Ruta

Situación: Saldremos de Móstoles – El Soto pasando por el municipio de Villaviciosa de Odón para terminar en Navalcarnero. En el suroeste del área metropolitana de Madrid.

Acceso: En tren en la línea C-5 cuya última parada es Móstoles – El Soto, está previsto la construcción para el año 2007 de un tren ligero (metro) hasta la localidad de Navalcarnero pasando por Parque Coimbra y un conocido centro comercial, lo cual hará que sea una ruta perfecta para ir en tren y volver en metro.

Longitud: 27.400 metros la ruta completa, ida y vuelta. No admite atajos. Para aquellos que deseen acortar pueden hacer por tramos, por ejemplo Móstoles – Río Guadarrama o Navalcarnero – Río Guadarrama.

Otros usuarios: Senderistas, jinetes salvando el tramo inicial.

Tipo de firme: Asfalto, pistas con tierra suelta y piedra.

Dificultad: Ruta larga y teniendo en cuenta el tipo de firme hacen que sea una ruta solo apta para los más mayores.

Cartografía: 581-II, 581 C.N.I.G. y 581 C.G.E. Mapa Comarcal de Madrid Región Metropolitana nº 4. 1:50.000 (Consejería de Medio Ambiente y Ordenación del Territorio).

Observaciones: Actualmente hay un proyecto de rehabilitar la vía, también hay un proyecto de construcción de una línea de metro hasta Navalcarnero, lo cual sería perfecto para hacer la ruta lineal y poder hacerla con toda la familia.

En los metros de distancia se refleja el actual y los metros restantes hasta la ubicación de la antigua estación de Navalcarnero.

Medio natural a destacar: El Soto, P.R. Río Guadarrama y Dehesa de Marimartín.

Patrimonio cultural a destacar: Navalcarnero: Plaza de Segovia construida ente 1579 y 1617, llamada así por haber pertenecido al Sexmo de la ciudad de Segovia, está declarada como Bien de Interés Cultural (como Conjunto Histórico en el año 2000). Iglesia parroquial de Ntra. Sra. de la Asunción declarada Monumento Histórico Artístico (1983) y como Bien de Interés Cultural que fue iniciada a mediados del S. XVI, y dispone de estilos arquitectónicos tales como gótico, barroco, renacentista o hispano-mudéjar (en su torre). Su decoración interior es barroca del S. XVII y S. XVIII en retablos y pinturas. Casa de la Lonja y plazuela del mercado, casa solariega decorada con escudo de hidalgo y un bonito patio interior de austero sabor toledano. Reproducción de la fachada de la Casa de la Cadena, en esta casa recibieron su bendición conyugal el Rey Felipe IV y Doña Mariana de Austria donde pernoctaron dos noches.

Información adicional:

Ayuntamiento de Móstoles	916 647 500	
Ayuntamiento de Navalcarnero	918 110 065	
SEO - Birdlife	914 340 910	www.seo.org
RENFE	902 240 202	
Consorcio Reg. Transportes	915 804 260	www.ctm-madrid.es

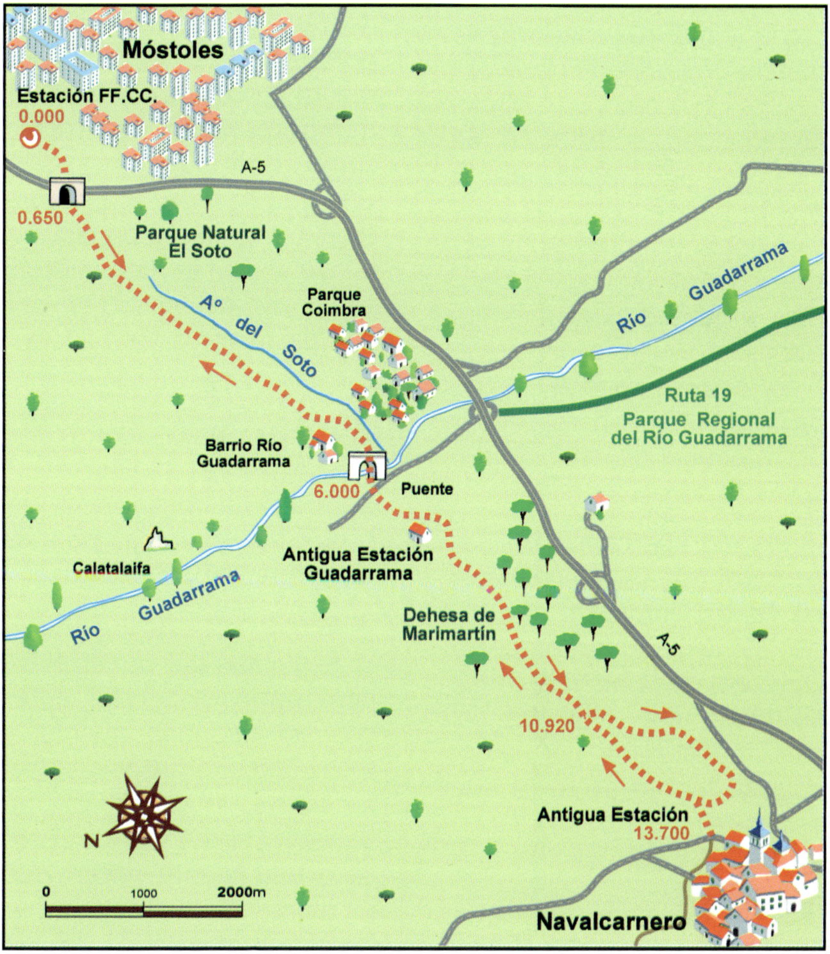

0.000 / 13.700

Al llegar a la estación en el tren saldremos hacia su derecha según el sentido de la marcha, mirando hacia la cabecera de línea.

Situados en la estación de Móstoles – El Soto, en la puerta para acceder al aparcamiento, pondremos nuestros cuentakilómetros a cero. Nos dirigimos, dejando los trenes a nuestra izquierda (veremos las toperas de fin de línea) por el aparcamiento hasta el final de éste

0.150 / 13.550

Fin del aparcamiento. Bajaremos por la rampa hacia un centro comercial que tenemos delante, cruzando la carretera que une Villaviciosa de Odón con Móstoles, el cual rodearemos por la izquierda (por la acera ya que es dirección contraria).

0.400 / 13.300

Calle a nuestra izquierda, en honor al ciclista David Gea, a la cual no prestaremos atención.

A nuestra izquierda tenemos un polideportivo.

0.650 / 13.050

Giramos a la izquierda para pasar bajo la carretera A-5. Hemos de tener mucha precaución porque a partir de este momento circularemos por un tramo asfaltado con tráfico compartido.

Una vez pasada la carretera de Extremadura tendremos a la izquierda la depuradora, separada de nosotros por una balaustrada de madera.

1.290 / 12.410

Nuevo cruce, hemos de seguir nuestro rodar, de frente.

A nuestra izquierda tenemos el Parque Natural El Soto.

2.660 / 11.040

Seguimos por la carretera pero vemos a nuestra derecha un pequeño puente y restos del que fue el paso del ferrocarril, la abundancia de balasto y el deterioro en este caso del puente hacen que de momento sea mejor ir por la carretera. Donde la vía

continuaba algunos han ampliado sus fincas haciendo que sea imposible pasar.
A nuestra izquierda tenemos el arroyo del Soto.

3.480 / 10.220
Pasamos sobre el arroyo del Chorrillo.

3.735 / 9.965
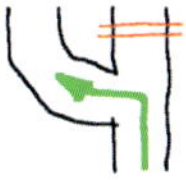
Cogemos a la izquierda, por fin, la plataforma de la antigua vía. Al otro lado del arroyo del Soto vemos la urbanización de Parque Coimbra.

4.965 / 8.735
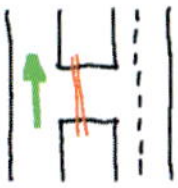
Llegamos al barrio de Río Guadarrama o Guadarrama de Arriba.

5.495 / 8.205
Entramos en la calle Ferrocarril.

5.740 / 7.960

Cruce, hemos de seguir de frente hacia la trinchera del trazado del ferrocarril.

6.000 / 7.700

Puente de hierro sobre el río Guadarrama. Se encuentra en malas condiciones, aunque se ha habilitado una pequeña parte de él para poder pasar, cuenta con unas pequeñas vallas de protección a cada lado. Solo cabe una bicicleta de ancho por lo que hemos

Antiguo puente del ferrocarril

Puente sobre el río Guadarrama

de respetar y ceder el paso al que esté en el puente.

6.150 / 7.550
Fin del puente.

6.250 / 7.450
Cruce, si seguimos de frente llegaremos hasta la estación del Río Guadarrama.

6.340 / 7.360
Estación del río Guadarrama. Se encuentra en muy mal estado, pero siendo interesante el intentar recrear las oleadas de madrileños/as que se desplazaban hasta aquí desde la estación de Goya para disfrutar de un refrescante baño en el río debido a la escasez de piscinas públicas con las que contaba Madrid a principios del siglo XX.

Retrocedemos sobre nuestros pasos para coger la pista de la derecha indicada como granja el Sabinar que en ligera subida nos llevará hasta la citada granja (antes conocida como Casa de Franco) para, tras circular rodeados de vallas y en ligera bajada, llegar al siguiente punto.

7.350 / 6.350
Nos encontramos entre dos puertas de acceso a sendas fincas.

7.555 / 6.145
Acceso a la finca El Rompío.

7.970 / 5.730
Nueva pista, continuamos nuestro rodar por la que llevamos.

8.125 / 5.575
Por nuestra izquierda vuelve a aparecer el rastro del trazado del ferrocarril desmantelado. Continuamos de frente.

8.425 / 5.275
Cruzamos el arroyo de la Fuente Juncal por un tramo

arenoso que puede estar ligeramente inundado y tendremos que vadearlo.
Tras cruzarlo llegamos al pinar "Dehesa de Marimartín", a la derecha tendremos un par de casas con jardines.

9.060 / 4.640
Tenemos a ambos lados barreras de acceso cortadas y también veremos el cauce del arroyo de los Alamillos.

9.630 / 4.070
Nuevo cruce, seguimos de frente.

10.920 / 2.780

Las abundantes obras que hemos visto a nuestra izquierda en este último tramo hacen que en este punto abandonemos el trazado de la vía para girar a la izquierda ya que la plataforma, situada junto a la valla de nuestra derecha, más adelante se convierte en impracticable. Circulamos por la vía principal.

11.680 / 2.020
Llegamos a un tramo asfaltado y a nuestra derecha tenemos una residencia para mayores.

12.070 / 1.630
Llegamos a una glorieta, a su derecha la gasolinera, hemos de continuar por la calle de la derecha que en ligero ascenso nos llevará hasta el parque de los Charcones.

12.350 / 1.350
Cruce, continuamos de frente.

12.510 / 1.190
Llegamos al parque de los Charcones que cuenta con estanque y zonas de juego infantil, si seguimos por su izquierda llegaremos a la nueva plaza de toros.

12.740 / 0.960
Nuevo carril bici que rodea la nueva plaza de toros, hemos de seguir este carril.

12.870 / 0.830
Glorieta, hemos de seguir de frente.

12.970/ 0.730
Glorieta, hemos de continuar de frente, como referencia tenemos al fondo unos

edificios blancos, detrás de ellos se encuentra la explanada donde se encontraba la estación y punto final de nuestra ruta.

13.400 / 0.300

Por nuestra derecha se ve la trinchera del ferrocarril, y a su lado hay una pista, la cual, siguiendo más o menos paralela a la vía nos llevaría al punto 10.920 de nuestra venida.

Hemos de continuar hacia la izquierda, donde veremos el pabellón cubierto La Estación.

13.550 / 0.150

Pabellón cubierto La Estación.

13.700 / 0.000

Explanada donde estuvo ubicada la antigua estación de Navalcarnero.

En el proyecto de construcción del tren ligero puede que se ubique en este punto o cerca de éste la futura estación.

Cien metros más adelante tenemos la reconvertida fábrica de harinas en un hotel-residencia de mayores.

Y en los que serían los 13.890 metros de nuestra ruta un paso bajo la carretera M-600 que se dirige a Sevilla la Nueva.

Tras ese paso inferior veremos restos de la plataforma que en diez kilómetros nos llevaría a Villamanta y cuya estación aún se conserva en buen estado.

Damos por terminada esta vía a la espera de que Ayuntamientos y Comunidad se pongan de acuerdo y habiliten esta vía histórica, ya que acondicionarla no supondría mucho dinero.

Nosotros, a la espera de la construcción del metro, hemos de dar la vuelta por el mismo camino o tras pasar en el retorno por el pabellón continuar de frente como ya se ha explicado y mantendríamos la vía original del tren que unía los tres ríos: Manzanares, Guadarrama y Alberche.

R-26

26.- VÍA VERDE DEL TAJUÑA I. Morata de Tajuña - Perales de Tajuña

Vía histórica y sin duda llena de curiosidades e historias. Esta vía inaugurada en 1901 enlazaba Madrid (en la estación de Niño Jesús, cerca de Retiro) hasta Alocén cuya estación se encuentra bajo las aguas del embalse de Entrepeñas y tuvo más de 140 kilómetros.

Unía Madrid con Morata de Tajuña pasando por Arganda –una parte de ese tramo no se puede realizar– y Rivas. Parte del trazado de la vía se ha reutilizado para el metro L-9.

La ruta continúa por Tielmes, Carabaña, Orusco y Ambite (descrito en las siguientes rutas) y posteriormente hasta Mondejar (hay tramos no transitables en bicicleta). Hay un proyecto de rehabilitar el tramo alcarreño que incluso llegaría hasta Sacedón, lo que haría de ésta la ruta de mayor longitud de las vías verdes.

De esta vía surgió un ramal descrito en la ruta 29: Vía Verde del Tren de los cuarenta días, que unía Carabaña con Estremera (esta habilitado para bicicletas).

En el Consejo de Gobierno de la Comunidad de Madrid (el pasado 22 de diciembre de 2005) dejaron establecidos los trabajos de prolongación de la Vía Verde del Tajuña hasta Arganda del Rey (15 km). Para ello la Consejería de Transportes e Infraestructuras de la Comunidad de Madrid ha sacado a concurso la obra para su construcción. De este modo podremos acceder a la vía desde el mismo metro de Arganda.

Inicio Vía Verde

Ficha de Ruta

Situación: Pasaremos por los términos municipales de Morata de Tajuña y Perales de Tajuña en la ribera del río Tajuña en el Sureste de la Comunidad de Madrid.

Acceso: En vehículo propio por la A-3 hasta Arganda, allí coger la M-506 indicada como Morata de Tajuña y Chinchón. A la entrada al pueblo de Morata de Tajuña hay una calle a nuestra izquierda y en subida que nos lleva al inicio de la Vía Verde, también hay un aparcamiento y un helipuerto para emergencias.

Longitud: 18.780 metros la ruta completa. No admite atajos.

Otros usuarios: Senderistas, personas con movilidad reducida, patinadores, jinetes.

Tipo de firme: Pista asfaltada y asfalto al tener que pasar por los cascos urbanos.

Desnivel: Inapreciable.

Dificultad: Ruta larga, pero se puede acortar y su firme hace que sea una ruta apta para todos.

Cartografía: 583 III y IV o 583 C.N.I.G. / 583 C.G.E.

Observaciones: Se puede realizar en cualquier época del año evitando los rigores del verano y del invierno.

Medio natural a destacar: Área recreativa "Las Lagunas" en la finca de "Las Madres", cuenta con embarcadero, centro de información,... destacan las garzas, somormujos, cigüeñas.

Patrimonio cultural a destacar: Morata de Tajuña: Habitada desde tiempo inmemorial, como lo atestiguan las cercanas cuevas trogloditas de Tielmes (fue llamada "Licinia" por los romanos). Debe mucho a los árabes que mejoraron y perfeccionaron los sistemas de riego y aprovechamiento del agua. En 1580 Felipe II le dio la independencia del arzobispado de Toledo, así como la concesión de otros derechos. A reseñar la iglesia renacentista de la Concepción (S. XVI). Destaca la Ermita del cristo de la Sala, construida sobre una antigua yeseria, en la cual peregrinos y mendigos se refugiaban. Alguien pintó un cristo en una pared, pero a los trabajadores de la yeseria se les ordenó que tenían que eliminarla. Tras realizarlo en varias ocasiones, volvía a aparecer y por ello se construyó la ermita. Representan la "Pasión Viviente" el jueves santo.
Perales de Tajuña: Muy conocida por sus cuevas y por las abundantes fuentes que jalonaban su localidad. Iglesia de Nuestra Señora del Castillo sobre una antigua fortaleza.

Información adicional:

Ayunt. de Morata de Tajuña	918 730 380	
Ayunt. de Perales de Tajuña	918 748 004	
SEO - Birdlife	914 340 910	www.seo.org
F. Ferrocarriles Españoles		www.viasverdes.com
C.A.M. Dir. Gral. de Turismo	902 100 007	www.madrid.org/turismo

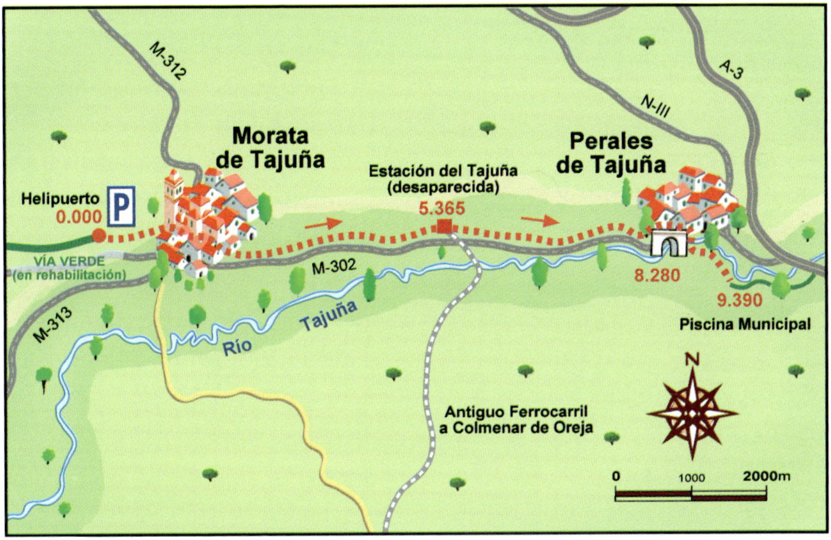

0.000 / 18.780
Aparcamiento, junto al Helipuerto, que se utiliza para el traslado de enfermos graves a Madrid.

Ya vemos la Vía Verde señalizada con carteles y prohibiendo el uso a vehículos a motor, para ello han utilizado dos traviesas de madera del antiguo ferrocarril. Ponemos el cuentakilómetros a 0. Durante los primeros metros circularemos por la Vía Verde en ligero descenso.

0.400 / 18.380
Entraremos en una zona de chales de reciente construcción. A partir de este punto y hasta el kilómetro dos circularemos por el casco

urbano de Morata de Tajuña. Este tramo de la ruta es muy peligroso, al circular por Morata, debido al tráfico motorizado y al tener que cruzar varias calles.

En los lugares en que puede ser más complicado esta indicado adecuadamente con las señales de la Vía Verde.

Lógicamente no hay que coger ningún desvío, hay que seguir el símbolo más evidente de lo que sería una vía de tren, sin grandes subidas ni grandes bajadas ni tampoco desvíos fuertes.

1.040 / 17.740

Carretera M-313. Mucha precaución.

Esta carretera parte de la A-3 (Arganda) y a través de Morata de Tajuña se dirige hacia Titulcia.

1.650 / 17.130

A nuestra derecha vemos el cementerio de la localidad.

1.735 / 17.045

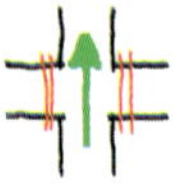

Acceso a fábrica y a la derecha calle de bajada a la carretera M-302.

A partir de este punto la vía esta acondicionada como al principio con asfalto rojo y

unos metros más adelante será separado del tráfico a motor mediante las traviesas del ferrocarril.

2.570 / 16.210

El camino tiene un desvío hacia la derecha seguimos por el ramal izquierdo. El derecho nos llevaría a la carretera.

2.895 / 15.885

Punto kilométrico número 3 de la Vía Verde del Tajuña.

3.465 / 15.315

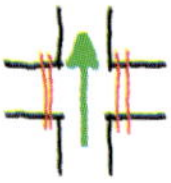

Cruce con pista de acceso a fincas.

3.620 / 15.160

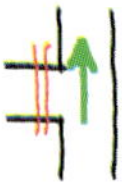

Hay un pequeño cruce en el cual puede aparecer algún vehículo.

3.650 / 15.130

Dos nuevos postes para impedir el paso de vehículos nos ayudan para encontrar a nuestra izquierda una antigua cueva habitada.

La cueva que podemos entrar, con precaución, estaría

habitada ya que el techo y las paredes están encaladas y tiene habitaciones intercomunicadas mediante pasillos.

4.520 / 14.260
Seguimos nuestro rodar de frente.

5.075 / 14.185
Cruce que daba acceso a una antigua cantera. Continuamos de frente sin tener en cuenta los múltiple pequeños cruces que surgen, hemos de seguir la Vía Verde, bien marcada con su asfalto rojo.

5.115 / 13.665
Área de descanso.

5.365 / 13.415
A la derecha sale una pista para acceder a la carretera. Estamos ubicados en la antigua estación llamada "Tajuña" (desaparecida). Desde este punto partía un ramal que en 1902 llegó hasta Chinchón y un año más tarde también enlazaba con Colmenar de Oreja. Este tren era utilizado para transporte de material desde las canteras situadas en las inmediaciones. Fue utilizado hasta hace pocos años, actualmente hay un proyecto para su conversión en Vía Verde.

Cueva en las inmediaciones de la Vía Verde

Buena parte de nuestro camino estaremos acompañados por olivos, almendros y viñedos.

5.845 / 12.935

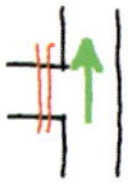

Pista a la izquierda que no tomamos.

5.880 / 12.900

Punto kilométrico número 6 de la Vía Verde del Tajuña.

6.450 / 12.330

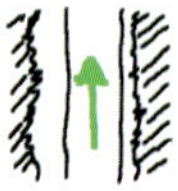

Paso entre trincheras realizadas para el paso del ferrocarril.

6.505 / 12.275

Llegamos a un claro y a su derecha veremos la depuradora del Tajuña.

A partir de aquí ligeros repechos de "sube y baja" debido a que el acondicionamiento de la vía no los ha arreglado, pero que no plantean ningún problema.

Continuamos con trincheras y un paisaje que sin duda sorprenderá a muchos.

6.635 / 12.145

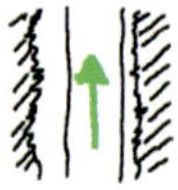

Nueva impresionante trinchera.

Si nos fijamos en los cortados, el yeso cristalizado tiene unas curiosas formas.

8.010 / 10.770

Entrada a Perales de Tajuña, justo a la entrada el camino se bifurca en dos partes. El camino más evidente y más cómodo es el que va por la derecha atravesando la trinchera.

8.135 / 10.645

Continuando por la vía ya dentro del casco urbano llegamos a un cruce con la carretera, cruzamos con precaución y seguimos de frente.

A nuestra izquierda se encuentra el parque infantil.

Desde este punto la ruta no conserva plenamente la vía original puesto que ésta se ha perdido por el uso – abuso de la gente, lo cual ha provocado que la Vía se acondicionara por esta parte de la vega del Tajuña. La ruta auténtica atravesaba Perales de Tajuña y se dirigía por este margen del río a Tiel-

mes. Ésta que nosotros estamos comenzando es la que la Comunidad de Madrid ha habilitado por caminos tradicionales, por ello, estos no se encuentran cortados al tráfico a partir de este punto, ya que se usa para ir a las fincas de labor.
Tras atravesar el pueblo y dejar el parque infantil, veremos señales que nos indican el complejo los Pradillos. Seguiremos estas indicaciones.

8.280 / 10.500
Atravesamos por un puente el río Tajuña, a nuestra derecha tenemos una antigua fábrica papelera.

9.000 / 10.260
Complejo los Pradillos. A los pocos metros nuestro firme se convierte en asfalto rojo como al principio.

9.390 / 9.390
Piscina municipal.
A nuestra izquierda, al fondo

Río Tajuña

veremos el viaducto de la carretera A-3. Otra forma de acceso a esta zona sería accediendo desde esta carretera cogiendo el desvío de Perales de Tajuña y luego dirigirnos a Morata de Tajuña.

Una opción interesante que se podría realizar, sería venir en los días de verano (no en los más fuertes de calor, ya que nuestra ruta no dispone de muchas sombras), y acabar nuestra ruta aquí en la piscina para después de refrescarnos, al atardecer, regresar a Morata de Tajuña y recoger nuestro vehículo.

Fin de nuestra ruta, el retorno lo haremos por el mismo camino. Solamente para los mayores o si disponemos de vehículo de apoyo la ruta se puede continuar hasta Tielmes, Carabaña, Orusco y Ambite, son las rutas descritas como Vía Verde del Tajuña II y III.

R-27

27.- VÍA VERDE DEL TAJUÑA II. Perales de Tajuña - Carabaña

Segundo tramo de la Vía Verde del Tajuña, también conocida como de las vegas y los molinos.

Es un recorrido para disfrutar ya que el entorno histórico, botánico y faunístico así lo requiere. Es perfecto para ir con toda la familia ya que podemos acortarla o ampliarla según la condición física del grupo.

La ruta se puede combinar con dos vehículos para no hacer ida y vuelta o también unirla con la vía verde I y III dándonos una ruta muy interesante y completa, aunque sólo sería apta para los mayores debido a su longitud.

Panel informativo de la Vía Verde

Ficha de Ruta

Situación: Entre los términos municipales de Perales de Tajuña, Tielmes y Carabaña en la ribera del río Tajuña en el sureste de la Comunidad de Madrid.

Acceso: En vehículo propio por la A-3 hasta el Km. 32 salida por la antigua carretera N-III hasta llegar a Perales de Tajuña, atravesaremos la localidad siempre en dirección Morata de Tajuña por la carretera M-302. Cuando llegamos casi a la salida del pueblo veremos el parque infantil de la ruta anterior.

Longitud: 26.200 metros la ruta completa. No admite atajos.

Otros usuarios: Senderistas, minusválidos, patinadores, jinetes.

Desnivel: 570 m puente sobre el Tajuña en Perales de Tajuña y 600 m en la ermita de santa Lucía de Carabaña.

Tipo de firme: Pista asfaltada y asfalto al tener que pasar por los cascos urbanos.

Dificultad: Ruta larga pero se puede acortar y el tipo de firme hace que sea una ruta apta para todos.

Cartografía: 583 C.G.E. / 583 C.N.I.G.

Observaciones: Se puede realizar en cualquier época del año evitando los rigores del verano y del invierno.

Medio natural a destacar: Durante esta ruta la variedad de medios que nos rodean tales como las vegas, los cortados yesiferos o el río, hacen que la fauna y la vegetación sea muy variada, y hemos de estar muy atentos para poder disfrutar de tanta diversidad.

Patrimonio cultural a destacar: Tielmes: Famosa por sus cuevas-vivienda desde la prehistoria, fue "Thermeda" para los romanos y fue la cuna de los mártires Justo y Pastor, torturados y decapitados en "Complutum" (Alcalá de Henares) al confesar su fe. Dicen que sus restos están enterrados en el Cerro de los Mártires cerca del pueblo. Palacio de los Condes de Pernía del S. XVII, fue casa solariega actualmente destinada a asuntos sociales. Puente sobre el Tajuña del S. XVII realizado en mampostería. Edificio de la antigua estación del ferrocarril de la compañía del Tajuña hoy Casa de la Cultura. Lavadero municipal de principios del S. XX.

Información adicional:

Ayunt. de Perales de Tajuña	918 748 004	
Ayuntamiento de Tielmes	918 746 619	
Ayuntamiento de Carabaña	918 723 001	
SEO - Birdlife	914 340 910	www.seo.org
Fundación Ferrocarriles Españoles		www.viasverdes.com

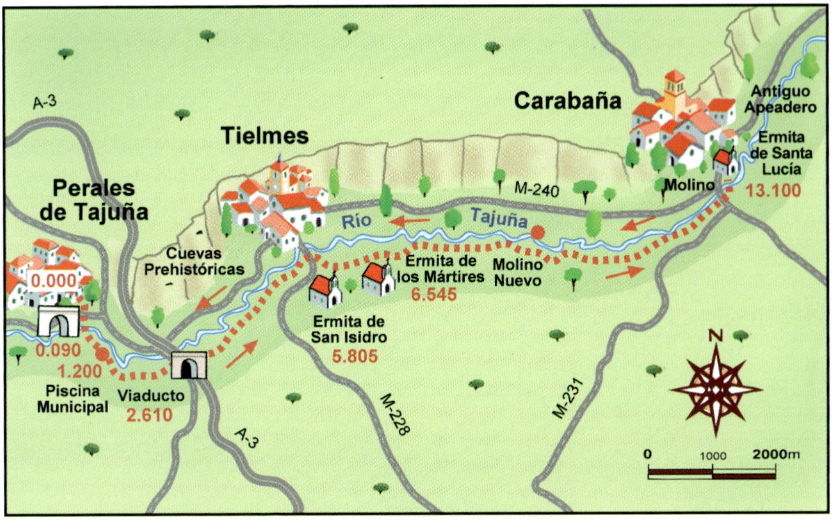

0.000 / 13.100

Junto al parque infantil pondremos nuestro cuentakilómetros a cero.

Continuamos por la carretera que está a su izquierda. Precaución, como ya nos indica la señal es un tramo de la Vía Verde con tráfico compartido con vehículos a motor.

0.090 / 13.010

Puente sobre el río Tajuña. Proseguimos nuestra salida siguiendo las señales dirección complejo los Pradillos.

Justo tras rebasarlo ya vemos el asfalto rojo característico de nuestra Vía Verde.

1.200 / 11.900

Piscina municipal.

Para aquellos que quieran evitar el comienzo en el casco urbano, pueden llegar hasta aquí en su vehículo y comenzar su ruta desde este punto.

1.690 / 11.410

Poste indicativo de P.K. 10 de la vía verde.

2.100 / 11.000

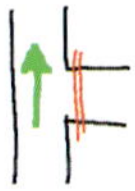

Pista a la derecha, continuamos de frente.

2.350 / 10.750

Vemos justo enfrente a nosotros una valla que nos

separa de la carretera A-3. A nuestra derecha tenemos una marmolería.
A la derecha sale una pista que no cogeremos.
La pista gira a la izquierda y circularemos paralelos a la carretera hasta pasar bajo el viaducto.

2.610 / 10.490
Paso bajo el viaducto de la autovía de Valencia A-3.

2.630 / 10.470
Hemos pasado bajo el viaducto, tenemos a nuestra derecha el cartel que nos indica el P.K. 11 de la Vía Verde.
Cruce con la carretera, mucha precaución, de frente tenemos una señal que nos indica el camino que tenemos que seguir con los carteles marrones y el símbolo de la bici.
Hemos de coger la carretera hacia la derecha, hasta que a la izquierda veamos la señal de Vía Verde. Son unos centenares de metros en los cuales hemos de estar muy atentos.

2.935 / 10.165
Cogemos nuevamente el carril bici que parte a la izquierda de la carretera.
Tras haber dejado la carretera nuestro asfalto vuelve a ser rojo, pero continuamos con precaución debido a que sigue siendo de tráfico compartido.

2.940 / 10.160
Pequeño cruce sin importancia.
Pasamos junto a unos edificios en ruinas a nuestra derecha.
Ya podemos ver las cuevas prehistóricas que tan famoso han hecho a este valle, a nuestra izquierda,

3.475 / 9.625
Tenemos construcciones a ambos lados del camino.

3.825 / 9.275
Cruce. Tenemos a nuestro lado una báscula para pesar camiones y vehículos de labor.

4.315 / 8.785
Llegamos al P.K. 12 de la Vía Verde.

4.985 / 8.115
En el P.K. 13 de la Vía Verde veremos a nuestra izquierda la salida de Tielmes y algunas cuevas más.

Pasamos junto a un área de descanso.

5.555 / 7.545

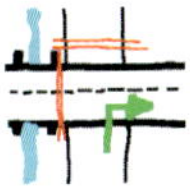

Cruce, a nuestra izquierda tenemos el puente que nos llevaría a la villa de Tielmes.
De frente una pista de tierra que no cogemos.
Mucha precaución. Proseguimos nuestra ruta por la derecha por una carretera indicada como la Vía Verde del Tajuña. Es la carretera M-228 que se dirige a Villarejo de Salvanés.

5.805 / 7.295

Llegamos a la Ermita de San Isidro, a su izquierda se encuentra un club hípico ("Los Álamos").
Cogemos a la izquierda del club hípico nuevamente nuestra ruta, fácilmente identificable.

6.545 / 6.555

Ermita de los Santos Niños Justo y Pastor, construida a mediados del S. XVIII, con un estilo renacentista – barroco, en el llamado Risco de los Mártires en honor de los niños mártires Justo y Pastor hijos y patronos de la villa de Tielmes. El 5 de agosto se celebra una romería desde la

Primavera en la Vía Verde

iglesia parroquial de Tielmes.
Cortados yesiferos y cuevas, producidos por la acción modeladora del agua y del tiempo.
Coscojas, espino negro, esparto, tomillos, y otras especias típicas mediterráneas encuentran aquí lugar donde tapizar las laderas.
Halcón peregrino, grajillas, milano negro, abejarucos, paloma zurita y ariel zapador son especies de aves que podemos llegar a ver, aunque para buscar el más difícil todavía hemos de intentar observar a las garduñas (mamífero).
Evidentemente la vega del Tajuña es una zona de cultivos, especialmente huertas, viñedos y algún que otro olivar.
También veremos nogales, sus hojas compuestas y su corteza grisácea le hacen fácilmente identificable. Árbol cultivado desde la antigüedad sobre todo en el norte de la península. Se aprovecha su fruto, la nuez (rico en aceites y nutrientes), y es muy apreciado en ebanistería. Nosotros aprovecharemos especialmente su sombra, de agradecer en los días de calor.

7.150 / 5.950
Poste kilométrico marcado como P.K. 15 de la Vía Verde.

8.115 / 4.985
Poste kilométrico marcado como P.K. 16 de la Vía Verde.

8.700 / 4.400
Cruce con pista de tierra a nuestra izquierda y derecha, continuamos por nuestra Vía.
En cuanto a la fauna que podemos destacar en el río podemos ver ánades, fochas, pollas de agua y con mucha suerte garza real.
En la ribera del río y en los campos de cultivos se pueden ver abubillas, ruiseñor, mosquiteros, trigueros, perdices, estorninos, cogujadas, alcaravanes y pequeños mamíferos como liebres, topillos, zorros, musarañas,...

9.075 / 4.025
Poste kilométrico señalando el P.K. 17 de la Vía Verde.

10.030 / 3.070
Poste kilométrico marcado como P.K. 18 de la Vía Verde.
Podemos encontrar restos de tres molinos: el Molino del

Puente o del Cisne, que era un molino harinero de tres piedras, con una turbina aneja que abastecía de luz a Carabaña y Valdilecha, Molinuevo que era un molino molinero reconvertido en central eléctrica y la central eléctrica de Chavarri.

10.280 / 2.820

Cruce. Si cogiéramos el ramal a la izquierda saldríamos a la central eléctrica de Chavarri (actualmente en reconversión como complejo hotelero) y a su apeadero. Recordemos que la vía original iba por la otra margen del río.

El ramal derecho nos llevaría a un balneario en ruinas y posteriormente a la carretera M-231 que une Carabaña con Villarejo de Salvanés.

11.020 / 2.080

Poste kilométrico señalando el P.K. 19 de la Vía Verde.

12.040 / 1.060

Poste kilométrico indicando el P.K. 20 de la Vía Verde. La comarca que estamos re-

Vía Verde del Tajuña

corriendo en muy rica en agua, hay manantiales de este agua minero-medicinal que durante muchos años ha servido como agua nutritiva y curativa a la gente de Madrid, es más, en Chavarri ese agua se transportaba en tren a Madrid y era cargada en un apeadero que poseían.

La ruta que llevamos no es la ruta original, pero si fuésemos por la original que transcurría por la otra orilla del río veríamos el apeadero de Chavarri (actualmente en obras), la plataforma sobre la cual se asentaba la vía, trincheras y otros restos de la vía.

12.420 / 0.680

Llegamos a un descansadero junto a la carretera que nos une con Carabaña, leemos un cartel que nos dice que nos queda a Tielmes 6.6 Km., en bici 35 min. y andando 1h 45 min.

Tras el descansadero continuamos paralelos a la carretera, en línea recta, veremos una señal que nos indica el desvío de la Vía Verde.

12.810 / 0.290

Poste kilométrico indicando el P.K. 21 de la Vía Verde.

12.870 / 0.230

Cruce muy peligroso.

El puente sobre el río Tajuña que tenemos a nuestra izquierda es de estilo neoclásico del S.XVI de cinco arcos y data del año 1576, la mayoría de los sillares pertenecen al antiguo puente romano.

Junto a este puente hay un molino rehabilitado que actualmente es de uso privado.

Aquí podemos dar la ruta por finalizada o si preferimos podemos cruzar el puente y continuar hasta la Ermita de Santa Lucía a la entrada de Carabaña.

13.100 / 0.000

Ermita de Santa Lucía. Fin de ruta, retorno por el mismo camino, previamente al retorno podemos dar una vuelta por el casco urbano. Si continuamos por la vía que llevamos llegaremos al apeadero de Carabaña hoy convertido en oficina de información turística y sala de exposiciones.

R-28

28.- VÍA VERDE DEL TAJUÑA III. Carabaña - Orusco - Ambite

La Vía Verde que vamos a recorrer en esta ocasión es la continuación y última descripción de la vía que hemos recorrido en las dos rutas anteriores.

Realmente la ruta no acaba aquí puesto que continuaba hasta Mondéjar, Yebra y Alocén (cuya estación se encuentra bajo las aguas del embalse de Entrepeñas). Es una lástima que no este toda habilitada para uso ciclista como los tramos que hemos realizado.

Puesto que las Vías Verdes nos permiten descubrir una historia y unos parajes que de otra forma quizás pasarían desapercibidos para la gran mayoría, es una pena que no se habiliten más rutas como éstas. Ya sería mucho pedir, pero lo ideal sería que éstas mantuvieran en la medida de lo posible su trazado original.

En el momento de editar este libro la FFE está actualizando el proyecto de la Vía Verde del Tajuña en el tramo de la provincia de Guadalajara desde el límite con Madrid y el límite entre los términos municipales de Pozo de Almoguera y Yebra, lo que (de concretar su construcción) nos permitirá disfrutar de una Vía Verde de unos 70 km.

También existe un proyecto de continuarla hasta Sacedón.

Vía Verde

Ficha de Ruta

Situación: En los términos municipales de Carabaña, Orusco y Ambite en la vega del río Tajuña en el sureste de la Comunidad de Madrid.

Acceso: En vehículo propio por la A-3 hasta la salida a Tielmes para allí coger la M-204 dirección Carabaña. A la entrada del pueblo veremos un desvío a la derecha junto a la ermita, a los pocos metros veremos un puente de piedra, junto a éste y al otro lado está el final de la ruta anterior e inicio de ésta.

Longitud: 21.760 metros la ruta completa. Admite ampliar o reducir la ruta.

Otros usuarios: Senderistas, personas con movilidad reducida, patinadores...

Desnivel: 40 metros.

Tipo de firme: Pista asfaltada con el conocido color rojo.

Dificultad: Ruta larga, pero teniendo en cuenta el tipo de firme y las posibilidades de acortarla o ampliarla hacen que sea una ruta apta para todas las edades.

Cartografía: 583 y 584 C.G.E. / C.N.I.G.

Observaciones: Actualmente se encuentra en rehabilitación el apeadero de Chavarri en las cercanías de Carabaña, así como un antiguo molino el cual se adecuará como balneario. En el comienzo de nuestra ruta se encuentra otro molino rehabilitado pero no es posible su visita.

Medio natural a destacar: Valle del Tajuña y su vegetación de ribera, también la riqueza geológica y acuífera.

La encina del palacio de Ambite, catalogada en el inventario de árboles singulares de la Comunidad de Madrid.

Patrimonio cultural a destacar: Orusco: Iglesia de San Juan Evangelista. Pero su patrona es la Virgen de Bellaescusa, cuenta la historia que se apareció entre dos cazadores que se disparaban entre sí, afirmando que era una bella excusa para no discutir, de ahí el nombre.

Información adicional:

Ayuntamiento de Carabaña	918 482 004 / 750	
SEO - Birdlife	914 340 910	www.seo.org
RENFE	902 240 202	
Consorcio Reg. Transportes	915 804 260	www.ctm-madrid.es
Vías pecuarias		www.madrid.org/ceconomia
Fundación Ferrocarriles Españoles		www.viasverdes.com

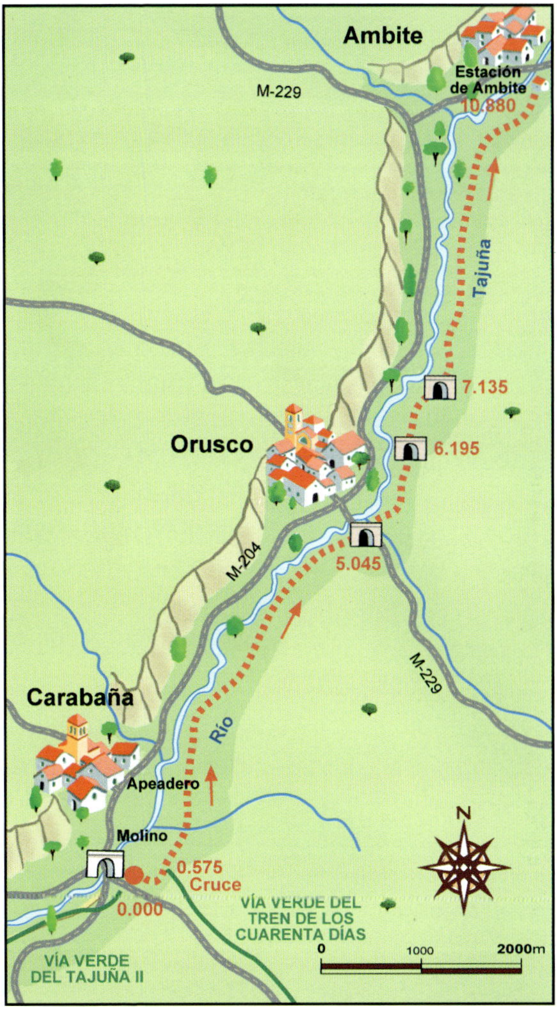

0.000 / 21.760

Aparcamos justo antes del puente de Carabaña. A la izquierda hay un bonito molino rehabilitado. Cruzamos con mucha precaución el puente, tras pasarlo, cogemos la Vía Verde que está a nuestra izquierda, en un principio va paralela a la carretera. La Vía Verde que está a nuestra de-

recha es por la que vinimos en la ruta anterior descrita como Vía Verde del Tajuña II.

0.000 / 21.760
Ponemos el cuentakilómetros a 0 junto a las placas de señal de Vía Verde del Tajuña tras pasar el puente.
Continuamos la Vía Verde de frente.

0.455 / 21.305

Cruce a la izquierda. A nuestra derecha está la carretera que une Carabaña con Estremera.

0.575 / 21.185

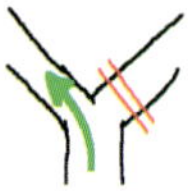

Cruce en Y cogemos el ramal izquierda en dirección Orusco y Ambite. El ramal derecho nos llevaría a Estremera.
Esta posibilidad se describe en la ruta 29: Vía Verde del Tren de los 40 Días.

0.930 / 20.830
Poste indicativo del P.K. 22 de la Vía Verde.

1.935 / 19.825
Poste del P.K. 23.

2.935 / 18.825
Indicador del P.K. 24.

3.410 / 18.350

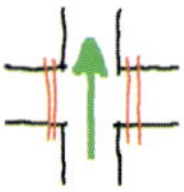

Cruce con dos fincas una a izquierda y otra a derecha, a partir de este punto ya ponemos observar el río Tajuña y su vegetación de ribera, juncos, cañas,...

3.925 / 17.835
Indicativo del P.K. 25.

4.205 / 17.555
Cruce. El camino original de la vía se desviaba en este punto hacia la localidad de Orusco. Seguimos nuestro camino de frente.

4.895 / 16.865
Poste señalizador del P.K. 26.

5.045 / 16.715

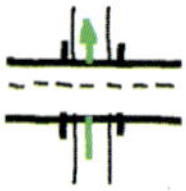

Pasamos bajo el puente de la carretera

que une a Orusco con Brea de Tajo, denominada M-229.

5.380 / 16.380

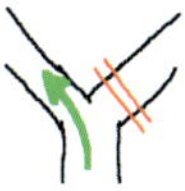

Cruce en Y continuamos por el ramal izquierdo. Vemos un panel informativo que nos indica que hasta Ambite nos quedan 6 kilómetros, caminando 1 h. 35 min. y en bicicleta 30 min.

5.470 / 16.290

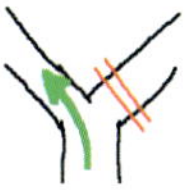

Cruce en Y. Continuamos por el ramal izquierdo, el derecho conduce a unas casas.

5.740 / 16.020

A nuestra izquierda vemos un puente que salva el río Tajuña. Este es el puente original de la vía férrea, vemos perfectamente los taludes y el paso sobre el río. Llegamos al P.K. 27 de la Vía Verde.

5.885 / 15.875

Poste del P.K. 27.

6.015 / 15.745

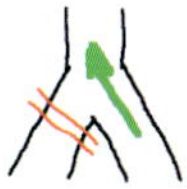

Cruce en Y invertida, la pista de la izquierda es el ramal que nos llevaría por la vía original ha-

La Vía Verde y el valle del Tajuña

cia el puente que hemos visto antes.
De frente ya vemos el próximo puente bajo el cual pasaremos.

6.195 / 15.565
Pasamos bajo un puente.

6.450 / 15.310
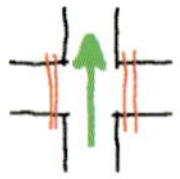
Tras pasar el puente hay un pequeño cruce que seguimos de frente.

6.795 / 14.965
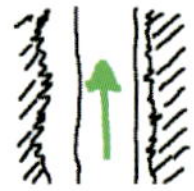
Atravesamos una zona de trincheras, podemos observar el panel informativo que hay instalado para instruirnos sobre la geología del valle del Tajuña. Ya hemos dejado atrás completamente el pueblo de Orusco y nos dirigimos a Ambite.

6.875 / 14.885
Poste de la vía verde marcado como P.K. 28.

7.135 / 14.625
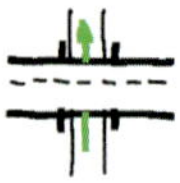
Pasamos bajo otro puente.

7.850 / 13.910
Poste indicando el P.K. 29.

8.850 / 12.910
Nuevo poste del P.K.30.

9.255 / 12.505

Cruce. Seguimos por la pista de la derecha, continuando como siempre por nuestro firme de color rojo tan característico.
En la localidad de Ambite a la cual nos dirigimos, se encuentra el Palacio de Legarda del S. XVII, en ella se encuentra la majestuosa encina de Ambite, tiene una altura de 20 metros y una edad aproximada de 1000 años. Según la leyenda nació de una bellota y las lágrimas de una princesa cautiva. Está incluida dentro del catálogo regional de árboles singulares de la Comunidad de Madrid.

9.860 / 11.900
Poste del P.K. 31.

10.170 / 11.590
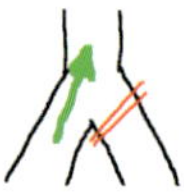
Cruce. Continuamos de frente.
Circulamos ahora por una zona urbanizada.

10.270 / 11.490
Cruce. Seguimos por la pista de la derecha, nuestra Vía Verde nos adentra en el pinar.

10.670 / 11.090
Estamos en el P.K. 32 de la Vía Verde.

10.710 / 11.050
Salimos del parque forestal Daniel Iglesias, estamos en una zona recreativa con todo tipo de instalaciones como por ejemplo pista de baloncesto, fuente, mesas, aparatos de gimnasia...

Molino rehabilitado. Carabaña

Continuamos de frente. Ya vemos delante de nosotros la estación de tren de Ambite.

En la localidad de Ambite cabe destacar su iglesia de la Asunción del S. XVIII en cuyo interior se encuentra un trozo de la cruz de Cristo rescatado en Tierra Santa.

En las afueras se encuentra el monumento a los ojos.

En los alrededores se encuentran coscojas y encinas principalmente en la zona llamada el Chaparral.

10.880 / 10.880

Estación de tren de Ambite. Fin de nuestra ruta, se podría continuar hasta Mondéjar, Pozo de Almoguera y Yebra. Pero el camino no está acondicionado completamente para las bicicletas.

El retorno se hará por el mismo camino.

Si deseamos visitar Ambite hemos de continuar, y, un poco más adelante encontraríamos a la izquierda el puente que salva el río Tajuña.

R-29

29.- VÍA VERDE DEL TREN DE LOS 40 DÍAS. Carabaña - Estremera

La construcción de esta vía se realizó durante el corto plazo de cuarenta días por cuestiones militares durante la guerra civil española (1936-1939). Solamente funcionó durante la contienda.

Su trazado enlazaba Torrejón de Ardoz con Villacañas, dando enlace ferroviario a la ciudad asediada de Madrid con el levante del bando republicano, lejos de los obuses franquistas, tras la destrucción del tramo férreo entre Getafe y Ciempozuelos durante la batalla del Jarama.

Su construcción en tiempos de guerra, penuria, etc. obligó a tener que reutilizar las vías de otras estaciones (por el cierre de las fabricas), ajustar el ancho de los túneles al mínimo y construirlos sin ventilación (para ahorrar tiempo), lo cual obligaba a pasar los trenes al máximo de su velocidad para no perecer ahogados sus ocupantes por el humo.

En algunos lugares la podemos encontrar nombrada como vía Negrín en recuerdo del ministro republicano promotor de su construcción.

Los tramos de Torrejón de Ardoz a Tarancón fueron desmantelados, aunque el tramo Santa Cruz de la Zarza a Villacañas permaneció en uso hasta los años sesenta.

La Vía Verde

Ficha de Ruta

Situación: Circularemos por los términos municipales de Carabaña, Valdaracete y Estremera en la zona sureste de la Comunidad de Madrid.

Acceso: En vehículo propio por la A-3, en el Km. 40 coger carretera M-204 que pasando por Tielmes nos lleva hasta Carabaña. A la entrada junto a la ermita de Santa Lucía cogemos el desvio por la M-221 que se dirige hacia Valdaracete y Estremera. Antes del puente estacionamos y al otro lado de este comienza nuestra ruta. Punto coincidente con otras rutas (27 Y 28).

Longitud: 28.400 metros la ruta completa. No admite atajos.

Otros usuarios: Senderistas, personas con movilidad reducida, patinadores.

Desnivel: 175 metros

Tipo de firme: Pista asfaltada.

Dificultad: Ruta larga que hace que sea una ruta sólo apta para los más mayores.

Cartografía: 583 y 584 C.G.E. / 583 y 584 C.N.I.G.

Observaciones: No realizar en verano ni en días de excesivo calor. Llevar agua.

Medio natural a destacar: La vega del Tajuña y los cortados yesíferos dan a esta zona un entorno único, también destaca la importancia que tuvo la Cañada Real Soriana que cruzaremos en nuestra ruta..

Patrimonio cultural a destacar: Carabaña, de raíces celtíberas, también fue importante en época romana, llamada "Caraca", pues se encuentra en la calzada que unía Mérida "Emerita Augusta" con Tarragona.
A visitar la Ermita de Santa Lucia, y la Iglesia de la Asunción que fue reconstruida tras la Guerra Civil. Destaca a su vez la fuente neoclásica y en la iglesia la pila bautismal de época visigoda.

Información adicional:

Ayuntamiento de Carabaña	918 482 004 / 750	
Ayuntamiento de Estremera	918 721 388	
SEO - Birdlife	914 340 910	www.seo.org
Fundación Ferrocarriles Españoles		www.viasverdes.com

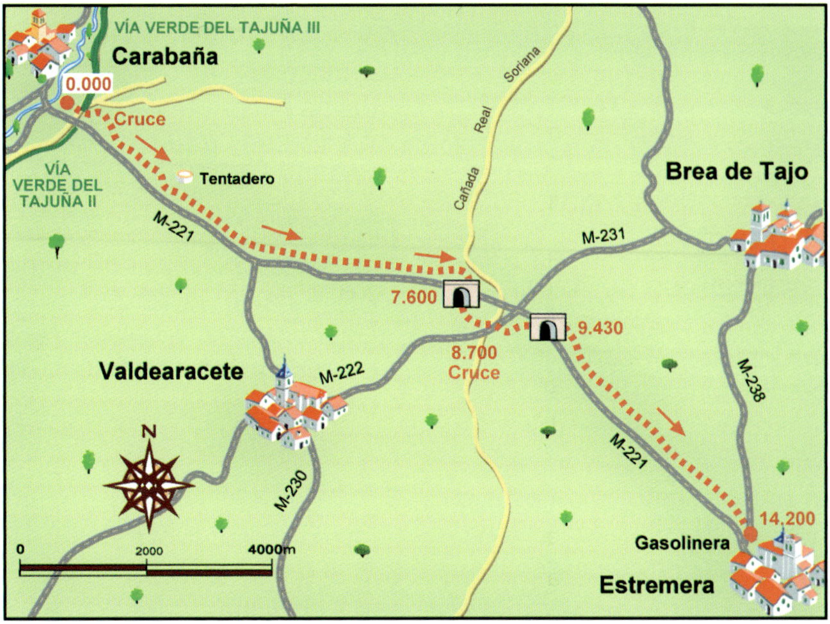

0.000 / 28.400

Aparcamos justo antes del puente de Carabaña. A la izquierda hay un bonito molino rehabilitado. Cruzamos con mucha precaución el puente, tras pasarlo, cogemos la Vía Verde que está a nuestra izquierda.

0.000 / 28.400

Ponemos el cuentakilómetros a 0 junto a las placas de señal de Vía Verde del Tajuña tras pasar el puente. Continuamos la Vía Verde de frente.

0.400 / 28.000

Cruce a la izquierda. A nuestra derecha está la carretera que une Carabaña con Estremera.

0.450 / 27.950

Giramos a la derecha.

0.550 / 27.850

Continuamos a la derecha. El ramal izquierdo es la ruta 28: Vía Verde del Tajuña III. Carabaña – Ambite.

1.280 / 27.120

Hay una pista a la izquierda que no tomaremos, seguiremos la de la derecha, a partir de este punto ya no pueden aparecer vehículos a motor, salvo algún cruce. Nos acompañará el típico asfalto rojo hasta el final de la ruta, por lo tanto no nos podemos perder.

1.400 / 27.000

Trinchera en nuestro camino, ésta se abrió para el paso del ferrocarril.

1.550 / 26.850

Poste señalizador indicándonos P.K. 1 de la Vía Verde. Debajo nuestro a la derecha, tenemos la carretera que se dirige a Estremera.

1.900 / 26.500

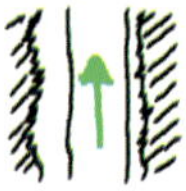

Nueva trinchera, si nos fijamos al principio de ella veremos los cristales de yeso.

2.150 / 26.250

Atención curva fuerte a la derecha.

2.450 / 25.950

Acceso a finca desde la carretera.
A nuestra izquierda una finca con toros de lidia.

2.500 / 25.900

Poste señalizado como P.K. 2 de la Vía Verde.
Ligera subida y bajada para posteriormente disfrutar de un grato rellano.

3.500 / 24.900

Poste señalizado como P.K. 3 de la Vía Verde.

3.950 / 24.450

Circulamos paralelos a la carretera M-221, separados por una protección, podremos ver a nuestra derecha la iglesia de Valdaracete, localidad a la que podemos acceder a través de la carretera M-230.

4.500 / 23.900

Poste señalizado como P.K. 4 de la Vía Verde.

4.900 / 23.500

Seguimos de frente.

6.350 / 22.050
Continuamos de frente.

6.450 / 21.950
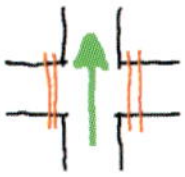
Poste señalizado como P.K. 6 de la Vía Verde. Proseguimos en ligera subida.

7.550 / 20.850
Surge una pista a nuestra izquierda que no tomamos.

7.600 / 20.800
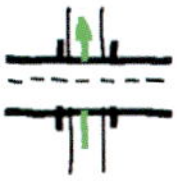
Paso bajo la carretera.

8.700 / 19.700
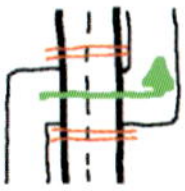
Cruce muy peligroso con la carretera M-222 que une Valdaracete con Estremera.
Al otro lado veremos un descansadero con paneles informativos, mesa y bancos.
A partir de aquí también comienza una senda ecológica sobre la Cañada Real Soriana Oriental ó Riojana.
Tras el descansadero que hemos dejado, llegaremos a

Zona de descanso

una zona de almendros, olivos, etc... en los taludes de la vía férrea veremos muchas madrigueras de conejos y otros animales que las utilizan como refugio.

9.400 / 19.000

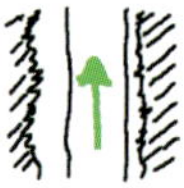

Llegamos al punto kilométrico marcado como P.K. 9 de la Vía Verde, encima nuestro tenemos la carretera M-221.

9.430 / 18.970

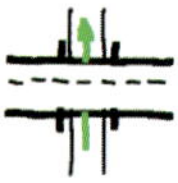

Paso bajo la carretera M-222, ya cruzada anteriormente.

En nuestro rodar hemos podido disfrutar de la visión del colorido abejaruco, milanos, etc. y en cuanto a vegetación tomillo, espino blanco, almendros, encinas, olivares y campos de labor.

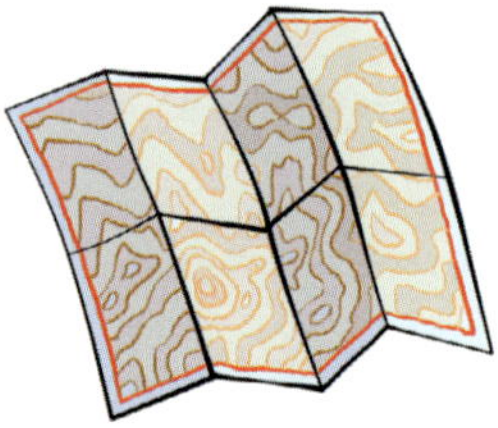

9.700 / 18.700

Cruce sin importancia, seguimos.

10.400 / 18.000

Poste señalizador como P.K. 10 de la Vía Verde, a nuestra derecha tenemos la carretera, como norma continuamos siempre por nuestra via con asfalto rojo.

10.700 / 17.700

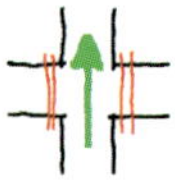

Nuevo cruce, seguimos de frente.

11.100 / 17.300

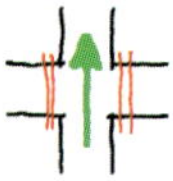

Otro cruce, el cual solucionaremos siguiendo nuestro rodar sin desviarnos.

11.400 / 17.000

Poste del P.K. 11.

12.400 / 16.000

Poste del P.K. 12, precaución, seguimos por la Vía Verde, a nuestra derecha tenemos la carretera M-222 y en frente una pista de tierra.

Vía Verde del Tren de los 40 días

14.200 / 14.200

Fin de la Vía Verde, marcada por el poste señalizado indicando P.K. 14. De frente la localidad de Estremera y la gasolinera. En este cruce a la izquierda el asfalto nos llevaría a Brea de Tajo y a la derecha el cruce de la carretera Estremera – Carabaña.

Aquí damos por finalizada la ruta, el retorno se hará por el mismo camino, no sin antes visitar la localidad de Estremera.

30.- VUELTA A CABEZA ARCÓN. Bustarviejo

La explotación y el uso de estas tierras desde tiempo inmemorial se hace notar en el entorno de nuestra ruta, bien en la minería (en la mina de plata de Bustarviejo), como en las canteras, algunas en desuso, que jalonan nuestra ruta.

También en la ganadería, ya que transitaremos por la Cañada Real Segoviana y por las explotaciones ganaderas que nos acompañaran en el recorrido.

Y finalmente por el turismo el cual se hace notar en construcciones de segundas residencias, albergue, camping...

Pero la historia, la naturaleza y el ser humano tienen en esta ruta un nexo de unión, el cual se invita a descubrir, que es el saber si es posible el desarrollo social y natural de esta zona sin degradar el medio que nos rodea.

Otoño

Ficha de Ruta

Situación: En el término municipal de Bustarviejo en la sierra norte de Madrid.

Acceso: En vehículo propio por la A-1 hasta la Cabrera, allí coger la M-610 dirección Bustarviejo y Miraflores de la Sierra. Al atravesar el pueblo de Bustarviejo y a unos 500 m. tras finalizar el casco urbano, aparcar a la izquierda, señal "Humilladero de San Isidro". En la parte contraria de la calzada está el campo de fútbol.

Longitud: 19.100 metros la ruta completa. No admite atajos.

Otros usuarios: Senderistas, jinetes.

Desnivel: 140 metros

Tipo de firme: Pistas con tierra suelta y piedra así como un tramo de cañada en malas condiciones para ser ciclable en las que habrá que echar pie a tierra.

Dificultad: La longitud de la ruta y las características del firme hacen que sea una ruta sólo apta para los más mayores.

Cartografía: 484 y 509 C.G.E. / Guadarrama y S. Norte T.V.

Observaciones: Actualmente en la mina de plata de Bustarviejo se está trabajando para que pueda ser visitada y convertirla en el primer "Centro de Interpretación Geológico y Minero de la Comunidad de Madrid", así como restaurar su entorno. Para los buscadores de Plata: En los alrededores de la mina, en las escombreras, hay fragmentos de cuarzo tostado, al trocearlos aparece un mineral plateado (es arsenopirita), si la analizamos al microscopio veremos la matildita con bismuto, plomo y plata (cuyo porcentaje es menor del 1%).

Medio natural a destacar: Valle de los Abedulares, Cañada Real Segoviana.

Patrimonio cultural a destacar: La torre de Bustarviejo fue declarada BIC (Bien de Interés Cultural) de la Comunidad de Madrid por Real Decreto en 1983. La torre es un molino de mineral empezada a construir en 1659. Bajo el reinado de Juan II de Castilla se organiza una expedición y ya se cita los "veneros" de Bustarviejo en 1417.
La mina de plata de Bustarviejo se comienza a explotar en 1649, a partir de esa fecha se construye la torre (1659), un par de fundiciones una al pie de la mina (quedan restos) y la otra en la que actualmente es la calle La Fundición (desaparecida). El resto de vestigios mineros data de los años 1970 aproximadamente. La Ermita del Cristo de la Peña, curiosa por estar horadada en la roca, data del S. XVII.

Información adicional:

Ayuntamiento de Bustarviejo	918 482 004 / 750	
SEO - Birdlife	914 340 910	www.seo.org
RENFE	902 240 202	
Consorcio Regional de Transportes	915 804 260	www.ctm-madrid.es
Vías pecuarias		www.madrid.org/ceconomia
Centro de Innovación Turística Sierra Norte	918 688 698	www.sierranortemadrid.org

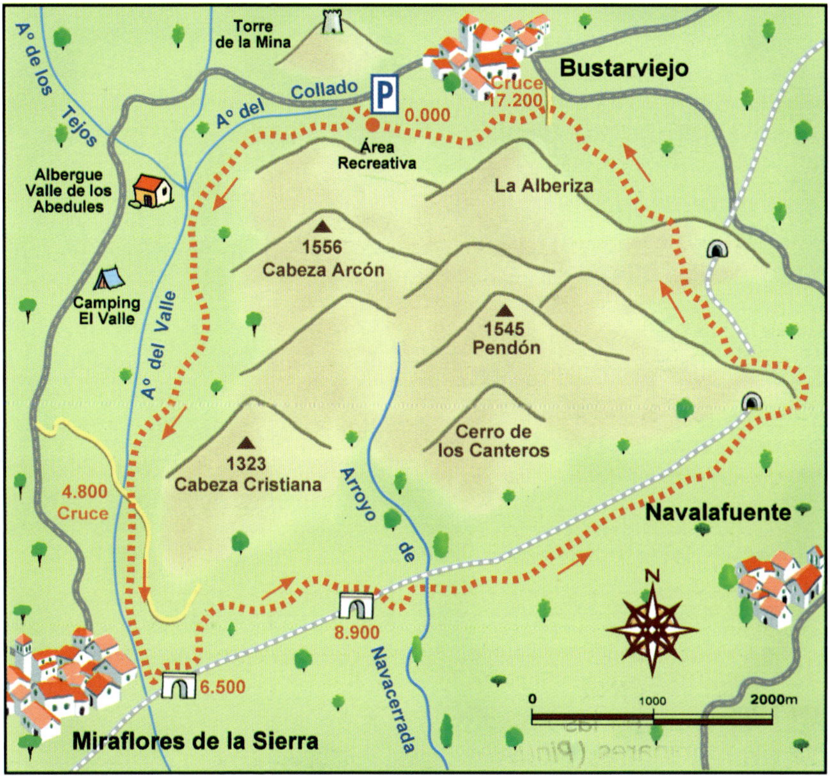

0.000 / 19.100

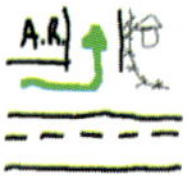

Aparcamiento. Humilladero de San Isidro, en Bustarviejo, ponemos el cuentakilómetros a 0 y mirando dirección sur vemos la antigua cantera ahora rehabilitada como parque, y que incluye un mirador. A su derecha veremos una finca vallada y entre ésta y el parque una pista balizada con pintura blanca y roja, lo que nos indica que es el G.R. 10 y el camino que hemos de tomar.

La pista que en este primer tramo es en bajada transcurre por una zona muy pedregosa de firme irregular.

A la derecha tenemos robledales (concretamente roble melojo, *Quercus pyrenaica*). También podremos ver junto a los arroyos abedules (*Betuna alba*) por ello este valle se conoce como el Valle de los Abedules, avellanos (*Corylus avellana*) o tejos (*Taxus baccata*). Si nos fijamos en la cartografía veremos que uno de los arroyos que surten al arroyo del Valle se llama arroyo de los Tejos.

A la izquierda, en las laderas de solana, pinares (*Pinus pinaster y Pinus sylvestris*) de repoblación de principios de S. XX (bien conservados) y también nos escoltarán en principio las jaras y los cantuesos.

La ruta es parte del G.R. 10 que comunica el Mediterráneo (partiendo de Andilla en Valencia) con el Atlántico en Portugal, a través de las provincias de Valencia, Teruel, Guadalajara, Madrid, Ávila, Salamanca y Portugal.

También coincide con la Cañada Real Segoviana en el tramo inicial entre Bustarviejo y Miraflores de la Sierra.

3.900 / 15.200

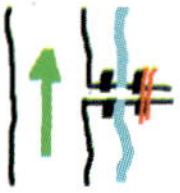

Pequeño puente sobre el Arroyo del Valle a la derecha que no usaremos ya que nos llevaría a una explotación ganadera.

A la izquierda vemos la peña del Mediodía y detrás más alto destaca Cabeza Arcón, el pico al cual estamos dando la vuelta.

4.100 / 15.000

Cartel informativo de la Comunidad Autónoma de Madrid del corredor de Tres Cantos a Montejo de la Sierra. Este tramo de la ruta va de Miraflores de la Sierra al Puerto del Medio Celemín. Ligera subida.

En cuanto a la fauna de la zona aunque difícilmente la veremos excepto sus rastros, hay jabalíes, corzos, zorros, y en los pinares también ardillas. A su vez y más fácil de ver buitres leonados, águila real, azor, cárabo.

4.800 / 14.300 Cruce, continuamos de frente ya que el otro camino que hay a la izquierda nos conduce a una cancela cerrada, a partir de aquí el camino se estrecha, empeora y hay mucha piedra suelta. Pasar con mucho cuidado, precaución y quizás tendremos que desmontar de la bicicleta en algún momento.

6.300 / 12.800 Continuamos con el Arroyo del Valle a nuestra derecha (orilla iz-

Cabeza Arcón

quierda orográfica) y llegamos a un pequeño puente que nos llevaría a una urbanización de Miraflores de la Sierra (antes llamado Porquerizas). De frente tenemos la vía férrea que enlaza Madrid con Burgos.

6.500 / 12.600
Estamos junto a la vía del tren, continuamos sin cruzarla hacia la izquierda con una subida pedregosa y costosa lo que quizás nos haga poner el pie en tierra.

6.700 / 12.400
Cruce, cogemos el ramal de la izquierda.

6.800 / 12.300
Ahora el camino se convierte en pista, a la izquierda hay una puerta de una finca particular pero nosotros continuamos de frente.
A partir de este momento la pista está en buenas condiciones incluso con zonas hormigonadas.

8.100 / 11.000
Hay una pista a la derecha, pasamos de ella.

8.500 / 10.600
Nueva pista a la derecha, no la tomamos.

8.900 / 10.200

Puente sobre la vía férrea lo cruzamos y continuamos, la pista gira a izquierda, tenemos que tener en cuenta que estamos dando la vuelta a Cabeza Arcón.

9.500 / 9.600
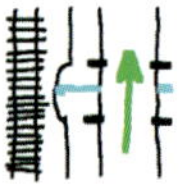
Pequeño puente de hormigón. A la izquierda tenemos un pequeño cauce de agua que surge de un túnel bajo el ferrocarril, lo cual, permite que el agua del arroyo de Navacerrada pase.

10.500 / 8.600
Cruce importante, coger izquierda.

11.200 / 7.900
Construcciones ganaderas.

12.000 / 7.100
Ruinas de antiguas parideras y construcciones ganaderas. Continuamos siempre por la pista que llevamos, sin

coger ninguna de las que saldrán a la derecha.

12.400 / 6.700
Paso canadiense, continuamos de frente atravesándolo. Al fondo a la derecha veremos canteras y el pueblo de Valdemanco

13.600 / 5.500

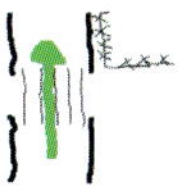

Paso canadiense, a la derecha está la depuradora y más canteras. Ahora disfrutamos de un bonito robledal, durante un rato una valla de espino nos acompañará.

15.300 / 3.800
Explotación ganadera.

15.500 / 3.600
Nuevo paso canadiense.

16.300 / 2.800
Nueva explotación agrícola. Al fondo a la derecha veremos el pico Mondalindo y a la izquierda veremos la peña del Búho y el pico Pendón, pico más bajo que Cabeza

Robledal

Arcón y en cuya cumbre se encuentra un vértice geodésico.

17.200 / 1.900

Estamos en las afueras de Bustarviejo, concretamente en la carreterilla que une la localidad con su cementerio, veremos de frente las marcas del G.R. 10 las cuales seguiremos.

En el poste eléctrico situado a nuestra izquierda veremos las marcas que nos indican ir de frente y luego izquierda.

Tras coger el desvío giramos por una carreterilla hacia la izquierda, dirección al repetidor de telefonía. A nuestra derecha tenemos un aserradero, la pista después de alcanzar el repetidor gira hacia la derecha rumbo a un almacén de frutas.

Continuamos por la pista que llevamos, siempre siguiendo las marcas del G.R. 10.

19.000 / 0.100

Llegamos al área recreativa que ha sido creada aprovechando la antigua cantera.

19.100 / 0.000

Aparcamiento y fin de la ruta.

Otras guías para NIÑOS

Javier Zarzuela Aragón
Excursiones para NIÑOS
por la Sierra de Madrid
5ª EDICIÓN

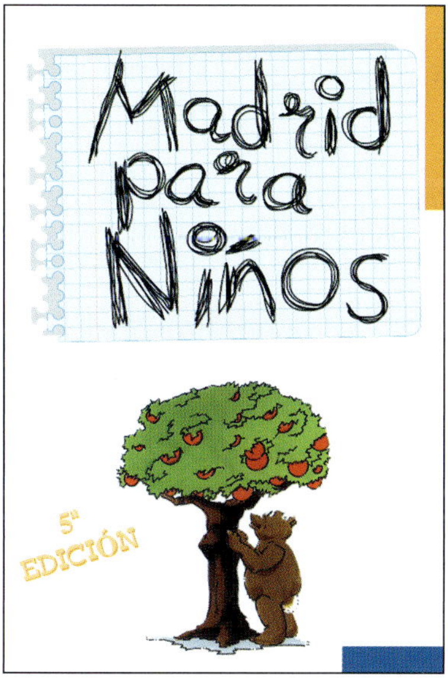
Madrid para Niños
5ª EDICIÓN

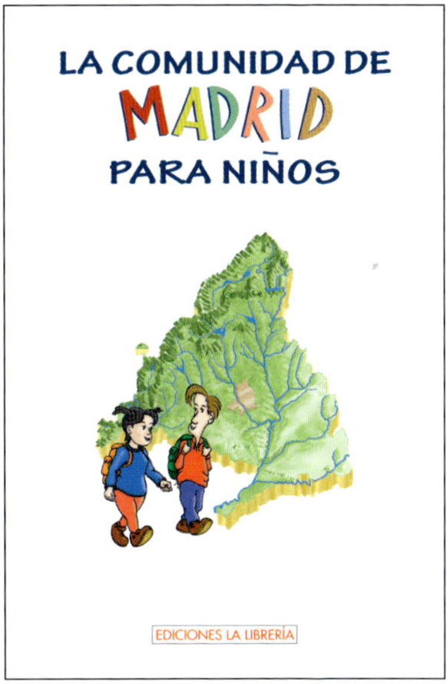
LA COMUNIDAD DE
MADRID
PARA NIÑOS
EDICIONES LA LIBRERÍA

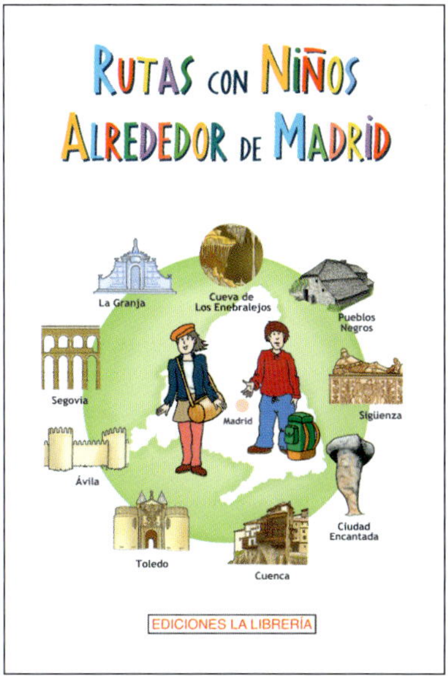
RUTAS CON NIÑOS
ALREDEDOR DE MADRID
La Granja
Cueva de
Los Enebralejos
Pueblos
Negros
Segovia
Madrid
Sigüenza
Ávila
Ciudad
Encantada
Toledo
Cuenca
EDICIONES LA LIBRERÍA